El Derecho de Sufragio Pasivo.
Análisis Contemporáneo

El Derecho de Sufragio Pasivo. Análisis Contemporáneo

Jorge Luis Mamani Huanca

Marco Polo describe un puente, piedra por piedra.
— ¿Pero cuál es la piedra que sostiene el puente? — pregunta Kublai Kan.
—El puente no está sostenido por esta piedra o por aquélla —responde Marco—, sino por la línea del arco que ellas forman.
Kublai permanece silencioso, reflexionando. Después añade:
— ¿Por qué me hablas de las piedras? Es sólo el arco lo que me importa.
Polo responde:
—Sin piedras no hay arco.
Las ciudades invisibles, Ítalo Calvino

ÍNDICE

Capítulo 5 Asistencia Educativa Electoral. Caso Peruano

Capítulo 6 Discusión y notas

Capítulo 7 Referencias

PRESENTACIÓN

El presente estudio es parte del trabajo final de investigación del autor, en el máster en Gestión Pública Avanzada realizado en el departamento de Derecho Constitucional y Ciencias Políticas de la Universidad de Barcelona en el año 2017. Este estudio se sitúa en el campo del derecho constitucional y las ciencias políticas, específicamente en las líneas de investigación referidas al derecho electoral y derechos de participación política, interesándonos en el presente trabajo por los estudios del derecho de sufragio como derecho fundamental y la administración electoral.

El máximo organismo electoral peruano —Jurado Nacional de Elecciones— además de funciones de justicia electoral tendría un importante papel educativo a través de políticas de educación cívica. En los últimos procesos electorales peruanos se han manifestado algunas situaciones recurrentes en la calificación de las solicitudes de inscripción de listas de candidatos, así como cuestionamientos a las resoluciones de la entidad electoral en relación a la calificación de inadmisibilidad e improcedencia, y exclusiones, de candidatos que desean hacer ejercicio de su derecho de sufragio pasivo —el derecho a ser elegido—.

En ese marco, los principales objetivos del estudio fueron la construcción de un marco contextual de los alcances y límites del derecho de sufragio pasivo en el ordenamiento electoral peruano, y la identificación de las políticas de asistencia educativa electoral que desarrolla el Jurado Nacional de Elecciones de Perú en relación al derecho de sufragio pasivo. En el presente estudio se destacará la necesidad de explorar este campo, revisando documentos de estudios teóricos, documentos normativos, así como documentos institucionales.

Razones personales

El interés por el estudio de los temas de derecho electoral surge a partir de la experiencia laboral vivida en el Jurado Nacional de Elecciones de Perú. He podido observar a lo largo de estos años el gran desafío de la administración electoral, no sólo para el cumplimiento de sus funciones de justicia electoral sino también las vinculadas con la proximidad al ciudadano, como es la función de educación cívica. Asimismo he podido apreciar la existencia de muy pocas investigaciones relacionados con la materia electoral, así como falta de materiales y estudios que sistematicen información electoral, análisis de la normativa, propuestas de reforma, entre otros; especialmente con el papel que viene realizando el Jurado Nacional de Elecciones en el Perú en relación a los derechos de participación política tanto en su rol de máximo organismo de justicia electoral como de promotor de educación cívica.

Generalidades sobre el estudio

La administración electoral peruana está conformada por tres instituciones: el Jurado Nacional de Elecciones, la Oficina Nacional de Procesos Electorales y el Registro Nacional de Identificación y Estado Civil. El Jurado Nacional de Elecciones es el organismo constitucionalmente autónomo de competencia nacional, cuya función principal es la de administrar justicia en materia electoral. En el caso peruano, este organismo electoral tiene además una función educativa; pues realiza actividades de formación cívica ciudadana, formación académica electoral, orientadas a la promoción de una ciudadanía activa e involucrada en los asuntos públicos de sus localidades y del país, así como asistencia técnica a sus dependencias internas y a las organizaciones políticas, a través de la Dirección de Educación y Formación Cívica Ciudadana y la Escuela Electoral y de Gobernabilidad.

Respecto al ordenamiento electoral, tenemos que la Constitución Política del Perú prescribe el derecho de todo ciudadano a la participación política, tanto en su dimensión activa —el derecho a elegir— como en su dimensión pasiva —el derecho a ser elegido—, derechos que al ser considerados fundamentales son factibles de restricciones atendiendo a una dimensión objetiva o institucional, pues como todo derecho subjetivo no serían absolutos.

El artículo 35° de la Constitución Política del Perú prevé que los ciudadanos pueden ejercer su derecho de participación política de manera individual, y a través de organizaciones políticas. Las organizaciones políticas gozan de un margen de autonomía normativa. Por su parte, el máximo organismo de justicia electoral peruano, para el cumplimiento de sus funciones constitucionales emite diversas resoluciones y reglamentos de regulación electoral concreta necesarios para llevar a cabo sus funciones, ello conforme al literal "l" del artículo 5 de la Ley 26486, de junio de 1995, Ley Orgánica del Jurado Nacional de Elecciones.

Según esta Ley, modificada por la Ley 29688, de 20 de mayo de 2011, en su literal x del artículo 5° se señala que una de las funciones del JNE es desarrollar programas de educación electoral que permitan crear conciencia cívica en la ciudadanía, y que también cuenta con una Escuela Electoral y de Gobernabilidad, órgano de altos estudios electorales, de investigación, académico y de apoyo técnico al desarrollo y cumplimiento de los objetivos del Jurado Nacional de Elecciones.

El Perú en el 2016 celebró sus últimas elecciones generales para la Presidencia y Vicepresidencias de la República, el Congreso de la República y la elección de representantes ante el Parlamento Andino. En estas elecciones se reafirmó una problemática que ha venido presentándose en procesos electorales anteriores: cuestionamientos a las resoluciones de la máxima entidad electoral, debido a la declaración de inadmisibilidad o improcedencia de listas y exclusiones.

Justificación

El presente estudio se sitúa en el campo del derecho constitucional y las ciencias políticas, específicamente en las líneas de investigación referidas al derecho electoral y derechos de participación política, interesándonos en el presente trabajo por los estudios del derecho de sufragio como derecho fundamental y la administración electoral.

Orozco (2001, pp. 46–47) atendiendo a los diversos sistemas de justicia electoral vigentes en América y Europa propone la siguiente tipología: el sistema que se puede llamar tradicional o clásico, que se traduce en un contencioso predominantemente político, aquel que conserva en una asamblea política la decisión última de las correspondientes controversias electorales; el sistema que se puede calificar de austríaco, que se caracteriza por un contencioso de jurisdicción constitucional, que confiere a un tribunal constitucional la decisión última de los medios de impugnación electoral; el sistema que se puede denominar inglés o contencioso de jurisdicción ordinaria, aquel que confiere a los jueces ordinarios, pertenecientes al poder judicial, la atribución de resolver las correspondientes controversias electorales; y, el sistema que se puede considerar latinoamericano, caracterizado por el establecimiento de tribunales (cortes, jurados, juntas o consejos) electorales especializados, encargados de la resolución de las controversias electorales.

El Perú cuenta con un organismo constitucionalmente autónomo para la justicia electoral: el Jurado Nacional de Elecciones. Organismo electoral con características del modelo latinoamericano, es decir considerado como "la autoridad suprema del Estado, especializada y en diversos grados autónoma, encargada de la llamada función electoral" (A. Hernández, 1989, p. 502), que dirige y vigila los procesos electorales (Jaramillo, 2007, p. 373), y que al igual que en algunos ordenamientos latinoamericanos tiene a su cargo funciones educativas.

Ahora bien, dado lo novel de la materia electoral en comparación con otras ramas del Derecho, su legislación y estudios son un tanto más modestos cuantitativamente hablando, pero no por ello menos sustantivos. Esta situación en una investigación de análisis legislativo o comparado podría significar un factor limitativo; sin embargo, por ello, el presente trabajo apuntará más a una exploración y análisis preponderantemente de tipo documental general.

En relación con los derechos de participación política y el rol de los organismos electorales, por lo general, los estudios desde las Ciencias Políticas se han centrado en las elecciones, en su gestión, administración y reforma; mientras que la función jurisdiccional ha sido tratada desde el derecho constitucional y el derecho electoral, centrándose básicamente en estudios descriptivos sobre las competencias jurisdiccionales, las garantías institucionales, la jurisprudencia electoral relevante, el estudio de algunos derechos políticos (Biglino & Delgado, 2010; García, 2000; Nohlen, Zovatto, Orozco, & Thompson, 2007; Orozco, 2009; Pérez, 2006; Sobrado, 2006).

Consideramos relevante el desarrollar los alcances y limitaciones del derecho de sufragio pasivo, pues ello permitirá sistematizar conceptos, aspectos normativos y particularidades jurisprudenciales; y por ende brindar herramientas con las cuales los operadores de justicia electoral puedan fundamentar sus resoluciones, guiar los programas a implementar o ejecutar en relación a la asistencia educativa electoral, y también su consideración por parte de las organizaciones políticas y sociedad civil en general.

En las generalidades del presente trabajo se mencionó que normativamente existe una función educativa asignada al Jurado Nacional de Elecciones, principalmente de asistencia educativa electoral dirigida a la ciudadanía y organizaciones políticas peruanas, asimismo se señaló que sin embargo en los procesos eleccionarios son demasiadas las listas de candidaturas que presentan problemas de inadmisibilidad e improcedencia, así como resoluciones de exclusión. Por ello consideramos que el derecho electoral en particular, debe trascender su relevancia política, y no sólo inclinarse por lo normativo, pues como se ha visto en el párrafo precedente la bibliografía señala que el derecho electoral ha sido mayormente abordado en lo normativo, a pesar de hallarse como un área entre el derecho constitucional y las ciencias políticas. Todo ello cobra mayor relevancia, si consideramos que las decisiones a tomar por el máximo organismo electoral trascienden a las fronteras políticas, no sólo se queda en lo normativo, permite la consolidación de la democracia a través de la participación de la ciudadanía en general, y en estas circunstancias cobraría importancia el papel a desempeñar como parte de su función educativa

Indagando sobre la existencia de investigaciones antecedentes; encontramos en el campo internacional, investigaciones como las relacionadas a *"El impacto de la administración electoral en la democracia latinoamericana"* de Pérez (2013) que desarrolla el contexto de los organismos electorales en el marco del proceso de evolución de la democracia latinoamericana y sus roles en la administración electoral.

Encontramos en España, trabajos como la *"Aproximación al estudio de la participación política como concepto y como proceso político-constitucional"* realizado por Murillo (1989), en la Universidad Complutense de Madrid, relacionado con una aproximación conceptual al significado y actualidad de la participación políticosocial y el Estado de Derecho; el estudio *"La Participación política como derecho fundamental en la Constitución de España y de Europa"* de Esparza (2008), en el que desarrolla el derecho de participación, a ser elector y elegible, como garantía democrática tanto en la Constitución de España como en documentos internacionales (Convenio Europeo para la Protección de los Derechos Humanos y Libertades Fundamentales, la Carta de los Derechos Fundamentales de la Unión, en el Tratado de la Constitución de Europa y la reforma del Tratado de la Constitución Europea de 2007); un estudio similar realiza Aguilera (2009) en *"Integración Europea a través de derechos fundamentales: de un sistema binario a otro integrado"*. Un trabajo que aborda la participación política a través del sufragio pasivo es *"El derecho de sufragio pasivo en el sistema interamericano de derechos humanos"* de Salas (2015) que desarrolla aspectos teóricos y normativos en relación a la elegibilidad electoral.

Estudios relacionados también son aquellos referidos a algunos derechos o procesos de la participación política, como la *"Democracia interna y derechos de los afiliados a los partidos políticos"* de Vírgala (2008), en España; o sobre las modalidades de participación en *"Participación política: concepto y modalidades"* de Delfino y Zubieta (2010a) en Argentina.

En cuanto a investigaciones sobre el sufragio pasivo en el Perú, o investigaciones relacionadas con sus funciones jurisdiccionales y educativas, desde el derecho electoral no se han hallado, sí desde otros estudios como por ejemplo sociológicos.

Finalmente, consideramos necesario realizar un aproximamiento que explique los programas educativos emprendidos por la entidad electoral peruana junto a la concreción de un marco contextual teórico y normativo de los alcances del derecho de sufragio pasivo, pues nos permitirá contar con mayores herramientas para la comprensión normativa-política de la administración de justicia electoral en lo relacionado a la delimitación del derecho de participación política en su expresión pasiva. Por ello, destacamos la necesidad de explorar y en todo caso de continuar el estudio en este campo, revisando documentos teóricos que nos permitan reunir información doctrinaria, documentos normativos, así como documentos institucionales para conocer el actual trabajo de la entidad electoral peruana en relación al sufragio pasivo y la asistencia educativa electoral que viene desarrollando.

Preguntas y objetivos

Para el presente estudio nos hemos planteado dos preguntas generales: ¿Cuáles son los alcances y límites del derecho de sufragio pasivo en el ordenamiento electoral peruano?; y en relación a ello, ¿qué políticas de asistencia educativa electoral viene realizando el Jurado Nacional de Elecciones de Perú en relación al derecho de sufragio pasivo?

Algunas interrogantes concretas a partir de las preguntas anteriores serán: ¿cuáles son los alcances del derecho de sufragio pasivo?, ¿cuáles son los límites o restricciones al sufragio pasivo?, ¿cuál es la regulación del sufragio pasivo en el ordenamiento electoral peruano?, ¿cuál es regulación de la función educativa electoral del Jurado Nacional de Elecciones?, ¿cuáles son las formas organizativas para llevar a cabo la asistencia educativa electoral?, ¿cuáles son los instrumentos de actuación para llevar a cabo la asistencia educativa electoral relacionada con el sufragio pasivo?, y ¿quiénes son los actores destinatarios de la asistencia educativa electoral del JNE relacionada con el sufragio pasivo?

A partir de las preguntas de estudio planteadas, tenemos que los objetivos generales de nuestro trabajo han sido: *Construir un marco contextual de los alcances y límites del derecho de sufragio pasivo en el ordenamiento electoral peruano, e identificar las políticas de asistencia educativa electoral que desarrolla el Jurado Nacional de Elecciones de Perú en relación al derecho de sufragio pasivo.*

Para el logro de estos objetivos generales, los objetivos específicos desarrollados fueron:

- Explicar los fundamentos teóricos de los alcances del derecho a la participación política.
- Explicar los fundamentos teóricos de los alcances y límites del derecho al sufragio pasivo.
- Sistematizar los límites al ejercicio del derecho de sufragio pasivo en el ordenamiento electoral peruano.
- Señalar las políticas de asistencia educativa electoral que desarrolla el Jurado Nacional de Elecciones de Perú en relación al derecho de sufragio pasivo.
- Describir los principales lineamientos de las políticas de asistencia educativa electoral que desarrolla el Jurado Nacional de Elecciones de Perú en relación al derecho de sufragio pasivo.

Desarrollo del Estudio

La primera parte de nuestro trabajo corresponde al marco de referencia que nos sitúa teóricamente en el estudio. Se realizará una aproximación contextual al amplio derecho de participación política, sus modalidades; se describirá el derecho de participación electoral y los derechos involucrados en la participación política. Ahora bien, al estar referido nuestros objetivos de estudio a los alcances y límites del derecho de sufragio pasivo, sintetizaremos una aproximación a las dimensiones subjetiva y objetiva de los derechos fundamentales; haciendo referencia a un análisis de esta doble naturaleza de los derechos fundamentales, señalando su contenido esencial y los límites de los límites de los mismos. Luego realizaremos el análisis de la doble naturaleza —subjetiva y objetiva— del derecho de sufragio pasivo, para lo cual se dividirán estas limitaciones a requisitos genéricos, de capacidad o habilitación, de elegibilidad o compatibilidad, de sistema electoral, y otros particulares.

Finalmente se desarrollará el diseño que guio el estudio y se presentarán los principales datos del estudio; incluyendo los principales resultados y una discusión de los mismos.

Capítulo 1
Participación Política

1. Aproximación Conceptual de Participación Política

La participación política viene a ser la actividad de los ciudadanos llevada a cabo, a título individual o colectivo, para la expresión de expectativas u opiniones con los ámbitos público o político (Constantino, 2000, p. 509), donde el ámbito público constituye el lugar en el que se dan las demandas concretas, los debates y las decisiones.

Una de las líneas de investigación más importantes sobre participación política se centra en la participación electoral. Así, los primeros estudios abordaron —principalmente desde trabajos psicológicos y sociológicos— las razones de la participación y abstención electoral (Berelson, Lazarsfeld, & McPhee, 1954; Campbell, Gurin, & Miller, 1954; Lazarsfeld, Berelson, & Gaudet, 1948). En general estos estudios destacaron la expresión más habitual de la participación política: el voto. Si bien, el voto es uno de los principales recursos del ciudadano para el ejercicio de sus derechos políticos, la participación política se expresa más allá de éste[1].

2. Modalidades de Participación Política

Los primeros estudios en relación a la participación política —los de Campbell et al. (1954) y Stone (1974)— se avocaron, en un intento de clasificación, a su medición. Se caracterizaron, al igual que otros estudios como los de Campbell,

---

[1] Sobre los primeros estudios en relación al voto y al comportamiento electoral, tenemos a las escuelas de Michigan (Campbell et al., 1954) y de Columbia (Berelson et al., 1954; Lazarsfeld et al., 1948). La primera, se centró en el análisis de las actitudes políticas de los ciudadanos; la segunda, en elementos de integración social como variables explicativas: edad, género, educación, ingresos, clase social, ocupación, así como el contexto social. Los aportes de la escuela de Michigan son conocidos como modelo psicologicista de decisión de voto, y los aportes de la escuela de Columbia como el modelo sociológico de decisión de voto.

Converse, Miller y Stokes (1960) y Berelson et al. (1954) a centrar su interés en la participación política a través del voto, es decir del sufragio en su forma activa; no tanto del sufragio pasivo entendido como el derecho a ser elegido. En años posteriores, Kaase y Marsh (1979) señalaban que la participación política convencional incluye "aquellos actos de compromiso político que están directa o indirectamente relacionados con el proceso electoral" (p. 84).

Estudios como los de Kaase y Marsh (1979), Milbrath y Goel (1977), Verba y Nie (1972) y Schmidtchen y Ühlinger (1983), hacían referencia, en general, a la participación política fuertemente relacionados con los procesos electorales y en especial el proceso del sufragio. Por ello, para Sabucedo y Rodríguez (1990) la participación electoral debido a sus características singulares suele ser abordada en estudios destinados especialmente a tal efecto.

> (…) el hecho de que el voto se emita una vez cada cierto tiempo, a instancias del sistema y en un ambiente de cierta presión social para manifestar esa preferencia partidaria, da lugar a que la participación electoral sea una cuestión con entidad propia y diferenciada del resto de formas de incidencia política (Sabucedo & Rodríguez, 1990, p. 56).

En estudios más recientes, de finales del siglo XX e inicios del siglo XXI[2], Molina y Pérez (1995) señalan que las actividades de participación han sido clasificadas de muy variadas maneras, en función de varios criterios. Algunos de ellos son: la legalidad, la legitimidad, la institucionalidad, las consecuencias de la participación, la forma del ejercicio, la obligatoriedad. Por su parte Anduiza y Bosch (2004) en base a los diversos estudios mencionados, señalan que los criterios más utilizados a la hora de distinguir los tipos de participación política darían lugar a: participación electoral y no electoral, participación convencional y no convencional, y participación de salida y de voz[3].

3. Participación Electoral

Si partimos de que "las elecciones son el mecanismo fundamental de la democracia porque permiten a los ciudadanos influir con su voto en los gobiernos"

---

[2] Pueden revisarse los estudios recientes de Molina y Pérez (1995), Anduiza y Bosch (2004), Delfino y Zubieta (2010b), Van Deth (2001), Van der Meer, Van Deth y Scheepers (2009), Sorribas y Brussino (2013), entre otros.

[3] La participación de salida haría referencia a la posibilidad de ejercer presión con la amenaza de irse, como dejar de votar, abandonar un partido, etc. Y participación de voz haría referencia a la posibilidad de comunicar el descontento hacia el sistema, el partido a través de protestas, contactos, activismo, etc. Para un mayor estudio revisar Anduiza y Bosch (2004, pp. 29–31).

(Criado, 2005, p. 7), no es de sorprender que los primeros trabajos que abordaron la participación política se vincularon principalmente con el derecho al voto y con los procesos electorales. El voto constituye, tradicionalmente, uno de los principales derecho de participación electoral de los ciudadanos, y por ende de participación política. Así, la Corte Interamericana de Derechos Humanos (CorteIDH), en el Caso Yatama vs. Nicaragua, Sentencia de 23 de junio de 2005, señaló que el derecho al voto es uno de los elementos esenciales para la existencia de la democracia y una de las formas en que los ciudadanos ejercen el derecho a la participación política, participación que se ve reflejada también con el derecho a ser elegido (sufragio pasivo).

> 198. Los ciudadanos tienen el derecho de participar en la dirección de los asuntos públicos por medio de representantes libremente elegidos. El derecho al voto es uno de los elementos esenciales para la existencia de la democracia y una de las formas en que los ciudadanos ejercen el derecho a la participación política. Este derecho implica que los ciudadanos puedan elegir libremente y en condiciones de igualdad a quienes los representarán.
>
> 199. La participación mediante el ejercicio del derecho a ser elegido supone que los ciudadanos puedan postularse como candidatos en condiciones de igualdad y que puedan ocupar los cargos públicos sujetos a elección si logran obtener la cantidad de votos necesarios para ello. (Caso Yatama vs. Nicaragua, Sentencia de 23 de junio de 2005, CorteIDH, FJ 198 y 199).

Si bien la participación electoral constituye sólo un aspecto o modalidad de participación política, sigue siendo la más importante y estudiada. Para Nohlen (2004) existen tres razones principales para considerar a la participación electoral como la más importante dentro del conjunto de la participación política. La primera, de tipo sociológico y democrático, argumenta que la participación electoral es la más democrática, porque pueden participar la mayor cantidad de ciudadanos en comparación con otros tipos de participación política; y además es igualitaria, pues el voto de cada uno de los ciudadanos tiene el mismo valor formal. La segunda, de tipo político, sostiene que la participación electoral es el canal más directo y central de vinculación entre el electorado y los elegidos, pues los votos legitiman a los elegidos. La tercera, de tipo sistémico, sostiene que la vinculación que se da entre el electorado y los elegidos está conformada, de un lado, por una entrada (input), es decir la legitimación del proceso electoral; y de otro, por una salida o resultado (output), es decir, las políticas públicas implementadas y las leyes aprobadas que afectarán a la ciudadanía (Nohlen, 2004, p. 140).

Ahora bien la participación electoral será abordada de acuerdo a teorías o perspectivas; relacionadas con la concepción del modelo de Estado, la concepción de participación política-electoral como derecho o función, o desde una perspectiva intrínseca y extrínseca. Respecto a éstas últimas, Nohlen (2004) señala que "desde una perspectiva intrínseca, la participación es por sí misma un valor" (p. 141), la participación sería un fin, un hecho positivo en sí mismo, cuyo efecto inmediato beneficiaría al sistema político; y desde una "perspectiva extrínseca, la participación adquiere un sentido instrumental, convirtiéndose en medio para un fin" (p. 142), se presentarían diversos intereses que fundamentan la participación electoral. Sobre la participación electoral como derecho o función se hablará más adelante de forma amplia al abordar la doble naturaleza de los derechos fundamentales a partir de la evolución de la concepción del Estado —y su relación con los derechos fundamentales—, desde el liberal de la revolución francesa a uno más social, institucional o garantista de los derechos.

4. Derechos de Participación Política

El derecho genérico de participación política se halla reconocido como derecho fundamental en diversos instrumentos internacionales. Así, la Convención Americana sobre Derechos Humanos, de 22 de noviembre de 1969, hace referencia a los derechos involucrados en la participación política como la participación en asuntos públicos, y el sufragio activo y pasivo.

> Artículo 23. Derechos Políticos
> 1. Todos los ciudadanos deben gozar de los siguientes derechos y oportunidades:
> a) de participar en la dirección de los asuntos públicos, directamente o por medio de representantes libremente elegidos;
> b) de votar y ser elegidos en elecciones periódicas auténticas, realizadas por sufragio universal e igual y por voto secreto que garantice la libre expresión de la voluntad de los electores, y
> c) de tener acceso, en condiciones generales de igualdad, a las funciones públicas de su país.
> 2. La ley puede reglamentar el ejercicio de los derechos y oportunidades a que se refiere el inciso anterior, exclusivamente por razones de edad, nacionalidad, residencia, idioma, instrucción, capacidad civil o mental, o condena, por juez competente, en proceso penal.

Por su parte, el Pacto Internacional de Derechos Civiles y Políticos, de 16 de diciembre de 1966, regula la participación política, utilizando términos similares.

> Artículo 25
> Todos los ciudadanos gozarán, sin ninguna de las distinciones mencionadas en el artículo 2, y sin restricciones indebidas, de los siguientes derechos y oportunidades:

a) Participar en la dirección de los asuntos públicos, directamente o por medio de representantes libremente elegidos;

b) Votar y ser elegidos en elecciones periódicas, auténticas, realizadas por sufragio universal e igual y por voto secreto que garantice la libre expresión de la voluntad de los electores;

c) Tener acceso, en condiciones generales de igualdad, a las funciones públicas de su país.

De manera similar, en el caso europeo[4], el artículo 3 del Protocolo Adicional al Convenio para la Protección de los Derechos Humanos y de las Libertades Fundamentales, de 20 de marzo de 1952, se limita a consagrar el derecho a elecciones libres de forma más escueta, "las Altas Partes Contratantes se comprometen a organizar, a intervalos razonables, elecciones libres con escrutinio secreto, en condiciones que garanticen la libre expresión de la opinión del pueblo en la elección del cuerpo legislativo". Esta redacción del texto europeo es similar a la del artículo 21.3 de la Declaración Universal de los Derechos Humanos, de 10 de diciembre de 1848.

Artículo 21.3

La voluntad del pueblo es la base de la autoridad del poder público; esta voluntad se expresará mediante elecciones auténticas que habrán de celebrarse periódicamente, por sufragio universal e igual y por voto secreto u otro procedimiento equivalente que garantice la libertad de voto.

Ahora bien, en el caso de la redacción europea, los preceptos establecidos van a sufrir una evolución, principalmente con su jurisprudencia en el importante Caso Mathieu-Mohin y Clerfayt vs Bélgica, No. 9267/81, 2 de marzo de 1987, TEDH, en el que se tratará los derechos fundamentales de sufragio activo y pasivo de los ciudadanos[5].

---

[4] Sobre los diferentes derechos de participación política en los instrumentos internacionales europeos pueden consultarse los estudios de Esparza (2008) y Aguilera (2009).

[5] A nivel supranacional; sobre los derechos de participación política, y en especial los derechos electorales, existe abundante jurisprudencia por parte del Tribunal Europeo de Derechos Humanos (TEDH), mientras que en el caso americano ésta es poca. Los principales casos de la Corte Interamericana de Derechos Humanos (Corte IDH) relacionados con los derechos políticos y el sufragio son: Yatama vs. Nicaragua, de 23 de junio de 2005 (principio de legalidad electoral); Castañeda Gutman vs. Estados Unidos Mexicanos, de 6 de agosto de 2008 (candidaturas independientes); y, López Mendoza vs. Venezuela, del 1 de septiembre de 2011 (titulares de los derechos políticos son los ciudadanos). Por su parte, sentencias relevantes del TEDH son el caso Kovach contra Ucrania, de 7 de febrero de 2008 (principio material de legalidad electoral); caso Yumak y Sadak contra Turquía, de 8 de julio de 2008 (elevada barrera electoral); caso Aziz contra Chipre, de 22 de junio de 2004 (exclusión de una minoría nacional); caso Gitonas y otros contra Grecia, de 1 de julio de 1997 (numerosas

A continuación señalaremos los derechos comprendidos en el amplio derecho de participación política: derecho de sufragio activo, derecho de sufragio pasivo, derecho a ejercer cargos públicos, derecho de asociación política, y otros conexos. Tenemos entonces que los principales derechos de participación política son el sufragio activo y el sufragio pasivo. Ahora bien, por el derecho a ejercer cargos públicos se refiere al derecho de participar en los asuntos públicos de dirección política o de la administración, en condiciones de igualdad —derecho de igualdad ante la Ley—. Es un derecho genérico relacionado con las funciones y cargos públicos en general, y que cubre los ya referidos cargos de elección popular, y los denominados cargos de dirección de la administración pública (Esparza, 2008, p. 44; Molina & Pérez, 1995, p. 27).

Por su parte, el derecho de asociación política, hace referencia a las modalidades de asociación para el ejercicio de la participación —que como se ha señalado implica no sólo el presentarse a elecciones—, tales como los partidos políticos y las organizaciones denominadas independientes: grupos de electores, asociaciones de ciudadanos, asociaciones comunitarias, grupos de defensa de intereses, entre otras denominaciones. Y, finalmente, otros derechos que permitirán la participación política son: el derecho de reunión y manifestación, el derecho de petición, la libertad de expresión, el derecho de rectificación o respuesta, el derecho de participación en los asuntos públicos, la iniciativa legislativa, entre otros.

restricciones a la elección de los funcionarios públicos); caso Krasnov y Skuratov contra Rusia, de 17 de julio de 2007 (desproporcionados requisitos a las candidaturas); caso Sukhosvetsky contra Ucrania, de 28 de marzo de 2006 (exigencia de depósitos económicos para candidaturas independientes).

Capítulo 2
Alcances y Límites de los Derechos Fundamentales

El derecho de sufragio posibilita el acceso de los ciudadanos a los cargos de naturaleza representativa (sufragio pasivo) a través de la manifestación de la voluntad popular expresada en unas elecciones (sufragio activo) (Martín Núñez, 2008, p. 323)

1. Derechos Humanos y Derechos Fundamentales

Con la terminología "derechos humanos" se hace referencia a los derechos y libertades protegidos por instrumentos internacionales como es la Declaración Universal de Derechos Humanos; y "derechos fundamentales" por lo general es la terminología utilizada en los textos constitucionales para establecer algún tipo de diferencia entre todos los derechos que aparecen en la Constitución y la prescripción de éstos[6].

Gavara (1994, p. 119) sobre los derechos fundamentales señalará que éstos contienen de manera explícita o implícita tres elementos susceptibles de modificación a través de enunciados jurídicos: titular, destinatario y objeto del derecho fundamental. A su vez, los derechos fundamentales serían permisiones ambiguas que tienen, al menos, un sentido prescriptivo y un sentido cualificatorio de validez. Ahora bien, se presentarían indeterminaciones o aperturas semánticas, estructurales y en relación al supuesto de hecho de normas que establecen derechos fundamentales. Para el autor se distingue dos grupos de criterios de solución para las indeterminaciones; por un lado los "criterios contextuales" que resolverán el problema "dentro del contexto constitucional configurado por las normas que establecen derechos fundamentales, su conexión con otras normas constitucionales,

---

[6] En los estudios constitucionales en relación a la terminología de los derechos fundamentales se habla de "derechos humanos", derechos naturales", "derechos públicos subjetivos", "libertades fundamentales", garantías individuales", etc. Estas denominaciones en general se apoyan en fundamentos iusfilosóficos distintos. Puede revisarse los trabajos sobre el problema de la denominación de los derechos fundamentales de Peces Barba (1980), Carreón (2012), Bernal Pulido (2015),entre otros.

así como las circunstancias y reglas de utilización" (p. 121), y los "criterios extracontextuales", que recurren a un "criterio externo o al margen del texto constitucional" (p. 121). El autor defiende principalmente el primer criterio, que se basa en la estructura de las disposiciones constitucionales que regulan derechos fundamentales y sus conexiones con otras normas constitucionales o normas de desarrollo constitucional.

Así, el contenido subjetivo del derecho de sufragio, iría más allá del precepto constitucional que lo enuncia de forma expresa, pues su objeto, contenido y límites habrán de ser abordados relacionando otros preceptos constitucionales como los referidos al orden democrático, a la representación, al ejercicio de otros derechos fundamentales, a los requisitos para ejercer cargos públicos, a acciones positivas electorales, entre otros. Se presenta así una necesidad de recurrir a diferentes preceptos constitucionales y normativos para comprender y abordar un derecho fundamental, lo cual deriva de las características de los derechos fundamentales de ser abstractos y abiertos.

Cuando una Constitución señala remisiones a las normas legales que han de desarrollar un derecho, lo que en realidad refiere es que los preceptos constitucionales encomiendan a la ley el desarrollo de una norma constitucional, no la regulación del derecho. La dimensión genérica o abierta y abstracta debe concretarse en el desarrollo de los derechos fundamentales y libertades públicas, así pues en la regulación del derecho de sufragio, la delimitación de su contenido, o examen del contenido esencial de este derecho, también debe ser atendida con los documentos de compromisos internacionales ratificados por el Estado así como con las normas de desarrollo constitucional, pero comprendiendo que el texto constitucional debe ser el punto de partida.

> El texto constitucional tiene que ser el punto de partida y no el de llegada de la tarea interpretativa, por lo que ésta ha de partir de lo que al respecto se haya establecido en aquél. Esto es lo que explica la especial atención que se debe prestar a uno de los principios estructurales de la norma fundamental, el democrático, que se irradia a la totalidad del ordenamiento constitucional, y, en particular, a un derecho como el de sufragio (Presno, 2012, p. 118).

2. Dimensiones Subjetiva y Objetiva en los Derechos Fundamentales

Hablar de derechos subjetivos y la objetividad del Derecho es un tema clásico de controversia iusfilosófica. Hoy es doctrina admitida que los derechos fundamentales presentan una doble naturaleza o dimensión: subjetiva e institucional (Häberle, 2003; Martínez-Pujalte, 2006); visiones desde perspectivas de los derechos fundamentales como derechos de los ciudadanos, y a la vez como principios básicos de una comunidad política democrática. Para comprender el derecho de sufragio, tanto en su dimensión subjetiva como objetiva, es necesario exponer en estos apartados los principales aportes sobre las perspectivas subjetivas y objetivas que se han desarrollado en torno a los derechos fundamentales.

Díez-Picazo (2005, p. 31) explicaba que la idea de derecho subjetivo se refiere a un interés jurídicamente protegido cuya satisfacción queda encomendada a la voluntad de su titular *(agere licere)*, esta idea de derecho subjetivo, en su origen, sirvió para designar libertades de naturaleza supralegal o, si se prefiere, suprapositiva; por lo tanto, se presentaría una fuerte relación de la comprensión de los derechos fundamentales desde una perspectiva subjetiva por ser su origen anterior a la regulación positiva de los ordenamientos. Por su parte Kelsen (1979, p. 76) señalaba que el llamado derecho subjetivo, en cuanto facultad, no es más que una modalidad, una forma peculiar del Derecho objetivo, para él, el derecho subjetivo es la norma jurídica en tanto que ésta posee un contenido concreto individual. Para Kelsen el derecho subjetivo no se contrapone al objetivo, pues acaba por ser considerado en definitiva como un elemento del orden jurídico, que no es otro que el derecho positivo.

Aba (1998) nos recuerda que lejos queda la afirmación del carácter absoluto de los derechos y libertades, que los configuraba exclusivamente como derechos de defensa en cuanto esferas negativas de libertad en las que el Estado no puede intervenir; una concepción en la que el carácter absoluto de un derecho determinaba si éste era o no fundamental. En esta línea, señala que hoy se habla de derechos fundamentales cuando nos referirnos a los "derechos reconocidos y garantizados jurídica e institucionalmente, cuyo bien jurídico protegido lo constituyen ámbitos de libertad individual, igualdad, participación política o social, o cualquier otro aspecto fundamental que afecte al desarrollo integral de la personalidad humana" (p. 14).

> Esta doble naturaleza jurídica va a significar la superación de un entendimiento de los derechos exclusivamente como esferas subjetivas de individualidad en las que el Estado no debía intervenir, para convertirse, además, en objetivos a realizar dentro del marco del Estado social y democrático de Derecho que constituyen el contenido material del ordenamiento y normas de obligado respeto para todos los hombres, los grupos en que se integran y como no para los poderes estatales. Por todo lo cual, los derechos se convierten en "condición misma de la democracia" (Aba, 1998, p. 15).

En posición similar, Fernández Segado (1993, p. 207) señala que los derechos fundamentales tienen una doble naturaleza, pues presentan sustancialmente una vertiente subjetiva que se traduce en la posibilidad de un *agere licere* dentro de un determinado ámbito, y desde una perspectiva objetiva son, simultáneamente, la *conditio sine qua non* del Estado constitucional democrático, puesto que no pueden dejar de ser pensados sin que peligre la forma de Estado o se transforme radicalmente.

Para Barranco Avilés (2001) en los actuales modelos constitucionales, los derechos fundamentales presentan dos facetas, dimensiones, que suelen denominarse objetiva y subjetiva, "se trata de una idea que surge como una construcción jurisprudencial, consigue abrirse paso en el constitucionalismo comparado y ha sido asumida por la dogmática constitucional" (p. 206). Esto constituye un nuevo proceso, o evolución, de definición paralelo al de la aparición de las generaciones de derechos. En este proceso es posible identificar tres fases: un primer momento de reconocimiento de los derechos en los textos jurídicos, un segundo momento en el que el Estado está obligado a hacer lo posible para consolidar las posiciones de derechos, y un momento actual en el que los derechos no sólo son límites frente a los poderes públicos para garantizar posiciones subjetivas, sino que se convierten en elementos del ordenamiento jurídico que se imponen con independencia de que exista vulneración de los derechos de una persona concreta.

> En los inicios del proceso de positivación, los derechos naturales se incluyen en declaraciones de derechos que, a lo sumo, conforman la *parte dogmática* de las constituciones. El legislador es el encargado de dar forma y garantizar los derechos que, en su caso, sólo pueden ser límite frente a los restantes poderes públicos. Fundamentalmente, se conciben como posiciones subjetivas que no deben ser alteradas por el funcionamiento ordinario del Poder para que éste sea legítimo.
> Con posterioridad, se produce la adquisición de eficacia vinculante de lo que pasará a ser *parte material* de las constituciones. Esta eficacia se garantiza mediante la habilitación a determinados órganos para fiscalizar que también la actuación del legislador se somete a los derechos, con lo que ningún poder público podrá vulnerar las posiciones que los derechos garantizan (…).
> El momento actual (…) el concepto de derechos (…) además de límites frente a los poderes públicos que pueden hacerse valer para garantizar posiciones subjetivas o para exigirle que sitúe a los ciudadanos en disposición de disfrutar de estas posiciones, se convierten en elementos que "conforman el Ordenamiento Jurídico" y, desde esta perspectiva, deben imponerse con independencia de que exista vulneración de derechos de un sujeto concreto (Barranco Avilés, 2001, pp. 206–207).

Ahora bien, asumiendo una doble dimensión de los derechos fundamentales, es preciso señalar que este doble carácter, históricamente parte de las tesis del Tribunal Constitucional Federal Alemán *(BverfG)* en la década de los cincuenta del siglo pasado. Así, Alexy (1993/1986) cita un extracto de la Sentencia BVerfGE 39, 1, fundamento 41, del Tribunal, en la que se señala que las normas fundamentales contienen no sólo derechos subjetivos de defensa del individuo frente al Estado, "sino que representan, al mismo tiempo, un orden valorativo objetivo que, en tanto decisión básica jurídico-constitucional, vale para todos los ámbitos del derecho y proporciona directrices e impulsos para la legislación, la administración y la justicia" (p. 507). Por ello esta evolución de la concepción de los derechos fundamentales será acogida por los diversos ordenamientos jurídicos, cuando menos "el ámbito constitucional europeo-continental" (Barranco Avilés, 2004, p. 187) a través de un ejercicio de "germanización" en palabras de Rubio Llorente (1979, p. 67).

Así, siguiendo esta línea, podría citarse al Tribunal Constitucional Español[7], pues en las sentencias STC 25/1981 y STC 53/1985 señaló que los derechos fundamentales no sólo incluían derechos subjetivos de defensa de los individuos frente al Estado, sino también garantías institucionales y deberes positivos por parte del propio Estado, por lo que la garantía de la vigencia de los derechos no puede limitarse a la posibilidad del ejercicio de pretensiones por parte de los individuos, sino que ha de ser asumida también por el Estado, en consecuencia no sólo habría una obligación del Estado de no lesionar la esfera individual protegida por los derechos fundamentales, sino también la obligación de contribuir a la efectividad de tales derechos, aun cuando no se presente una pretensión subjetiva por parte del ciudadano.

Ahora bien, sobre la doble dimensión de los derechos fundamentales y la evolución de la concepción del Estado y el ordenamiento constitucional, existen diferentes posiciones o teorías[8]. La concepción o interpretación del alcance de los derechos fundamentales se relacionará con las diferentes teorías surgidas luego de la plasmación del Estado liberal y el abordamiento de los mismos como derechos subjetivos. Emst-Wolfgang Böckenförde (1993, pp. 64–66), en sus estudios sobre teoría e interpretación de los derechos fundamentales, señala sobre la teoría de los derechos fundamentales del *Estado social*, que ésta puede anudarse tanto a la teoría liberal de los derechos fundamentales como, también, a la teoría institucional o axiológica de los derechos fundamentales, y desarrollar o transformar estás en consonancia con un Estado social.

Esta evolución de la concepción liberal de los derechos fundamentales —vertiente subjetiva— a la de una posición institucional, axiológica o de un Estado social —vertiente objetiva— implica que los poderes públicos tienen un interés objetivo en que los derechos fundamentales sean ejercidos por los ciudadanos con

---

[7] Un ejemplo de la influencia alemana, sería la jurisprudencia española, pues recurre al "efecto irradiación" que producen los derechos fundamentales en los diferentes campos del ordenamiento o la concepción de los derechos como deberes de protección por parte del Estado. Puede revisarse un estudio de ello en Medina Guerrero (1994).

[8] Las principales teorías de los derechos fundamentales desde las que se determina hoy, de forma alternativa o combinadas, la interpretación de los derechos fundamentales, son: la teoría liberal o del Estado de derecho burgués de los derechos fundamentales, la teoría institucional de los derechos fundamentales, la teoría axiológica de los derechos fundamentales, la teoría democrático-funcional de los derechos fundamentales, y la teoría del Estado social. Puede revisarse con mayor detalle Böckenförde (1993, pp. 47–66).

ciertas medidas o valoraciones de regulación, pero que a la vez éstas no deban desalentar el ejercicio de los mismos[9].

Este sentido último podemos apreciarlo, en una jurisprudencia en materia de elecciones del Tribunal Constitucional Español (TCE), la Sentencia 136/1999, de 20 de julio. Ésta resolvió sobre el tratamiento de la conducta de los miembros de la Mesa Nacional de Herri Batasuna (un antiguo partido político español) que pretendía durante la campaña electoral transmitir spots electorales con mensajes del grupo terrorista ETA. Durante el proceso penal habían sido condenados como autores de delito de colaboración con banda armada y recibiendo una pena de siete años de privación de la libertad y otras medidas. En el proceso de amparo alegaron la violación de varios derechos y libertades, siendo los más resaltantes los de información y expresión, protegidos por el artículo 20.1 a) y d) de la Constitución Española (CE), el de participación en asuntos públicos del artículo 23.1 CE y la libertad ideológica del artículo 16.1 C.E. En los fundamentos jurídicos de la sentencia se determinó que las conductas realizadas, el contenido de los mensajes televisivos y radiofónicos, no se hallaban comprendidas dentro del ámbito jurídico protegido por los derechos fundamentales alegados. En resumen, para el Tribunal, los mensajes o comunicaciones que podrían torcer la voluntad política e incluso el sentido del voto de los ciudadanos, mensajes que resulten intimidatorios, "porque anuden, explícita o implícitamente, pero de modo creíble, la producción de algún mal grave o la realización o no realización de determinada conducta por parte del destinatario" (FJ 16) no quedarían amparados por las libertades de expresión o de información.

> (…) en el presente caso los derechos y libertades de expresión, de información y de participación en los asuntos públicos forman un todo interrelacionado en el que los tres elementos se condicionan mutuamente en su contenido y alcance. Más concretamente, las libertades de expresión e información actúan, por así decir, como instrumentos que hacen posible la participación en los asuntos públicos y el acceso a los cargos públicos, al mismo tiempo que ese contexto de participación política en el que se ejercen delimita o cualifica el contenido y alcance de dichas libertades (Sentencia 136/1999, de 20 de julio, TCE, FJ 13).
>
> Los derechos de participación en los asuntos públicos (art. 23.1 C.E.) y de acceso a los cargos públicos (art. 23.2 C.E.), que en la parte de su contenido que afecta a las dos vertientes del principio de representación política forman

---

[9] Un trabajo que desarrolla de manera amplia y clara el argumento del "efecto desaliento" de los derechos fundamentales, es el relacionado con la sentencia 136/1999 del Tribunal Constitucional Español, de De Domingo (2003). En este artículo señala, el autor, que "un claro ejemplo de las consecuencias que la dimensión institucional de los derechos fundamentales tiene en la argumentación iusfundamental es la referencia al desaliento en el ejercicio de los derechos fundamentales, que desde hace unos años ha recibido consagración expresa por parte del Tribunal Constitucional, y que supone la recepción en España del denominado *chilling effect*, presente en la jurisprudencia del Tribunal Supremo estadounidense.

un "todo inescindible" (...), poseen, no sólo un contenido prestacional y una función de garantía de institutos políticos como el de la opinión pública libre, sino también un contenido de derecho de libertad que se concreta, en lo que aquí interesa, en la posibilidad constitucionalmente protegida de ofrecer a los ciudadanos, sin interferencias o intromisiones de los poderes públicos, los análisis de la realidad social, económica o política y las propuestas para trasformarla que consideren oportunas.

Los bienes jurídicos que este particular aspecto de los derechos del art. 23 C.E. pretende garantizar o, mejor, los valores y principios constitucionales que pretende hacer efectivos son, entre otros, la legitimidad democrática del sistema político, el pluralismo político y la formación de la opinión pública libre. Con estos derechos se trata de asegurar a las personas que participan como actores en la actividad pública, y a los partidos y grupos en los que aquéllas se integran, la posibilidad de contribuir a la formación y expresión de la opinión pública libre, poniendo a disposición de los ciudadanos en general y de los electores en particular una pluralidad de opciones políticas para que puedan formar sus propias opiniones políticas y, en el momento electoral, para que puedan elegir libremente los programas que estimen más adecuados. Precisamente por ello (...) queda fuera del ámbito constitucionalmente protegido por estos derechos la difusión de programas o mensajes que por su contenido, debidamente contextualizado, resulten amenazantes o intimidatorios. (Sentencia 136/1999, de 20 de julio, TCE, FJ 14).

Ahora bien, en esa misma vertiente de que los poderes públicos no deban desalentar el ejercicio de los derechos fundamentales con sus medidas o valoraciones, el TCE más adelante en la sentencia, se referirá al juicio de proporcionalidad dirigido a analizar si resulta proporcionada una figura delictiva que condena las conductas descritas a penas de un mínimo de seis años y otras accesorias, refiriéndose a la pena impuesta a los recurrentes por una sala penal. Así, el Tribunal señalará que no puede negarse en abstracto la posibilidad de que el Estado limite mediante el establecimiento de sanciones penales el ejercicio de los derechos fundamentales para garantizar bienes tan relevantes como la vida, la seguridad de las personas o la paz social que son puestos en peligro por la actividad terrorista; sin embargo también deberá advertirse que pueden darse medidas alternativas que sean palmariamente de menor intensidad coactiva y de una funcionalidad manifiestamente similar a la que se critique por desproporcionada (en este caso la sanción penal). Luego de un análisis pormenorizado a través de juicios de proporcionalidad, como la valoración de conductas que realmente la norma quiere evitar —ante todo porque los videos y cuñas radiofónicas no llegaron a difundirse— o la comparación de la pena con la de otros ilícitos de mayor o menor gravedad, tanto de la normativa interna como comparada, entre otros, el Tribunal resolverá que la pena impuesta a los recurrentes fue desproporcionada, pues afectó su derecho a la legalidad penal, haciéndose en general, en sus fundamentos 20 a 29, referencia al argumento del *desaliento* en el ejercicio de los derechos fundamentales.

> (…) una reacción penal excesiva frente a este ejercicio ilícito de esas actividades puede producir efectos disuasorios o de desaliento sobre el ejercicio legítimo de los referidos derechos ya que sus titulares, sobre todo si los límites penales están imprecisamente establecidos, pueden no ejercerlos libremente ante el temor de que cualquier extralimitación sea severamente sancionada. (…) la exigencia de proporcionalidad de la reacción penal incluso respecto del ejercicio ilícito de las libertades de expresión e información ha sido declarada no sólo por este Tribunal (por todas, STC 85/1992), sino también por el Tribunal Europeo de Derechos Humanos (por todas, Sentencia del T.E.D.H. Tolstoy Miloslavsky, 13 de julio de 1995) (Sentencia 136/1999, de 20 de julio, TCE, FJ 20).
>
> (…) no es la apertura de la conducta típica de colaboración con banda armada la que resulta constitucionalmente objetable, sino la ausencia en el precepto de la correspondiente previsión que hubiera permitido al juzgador, en casos como el presente, imponer una pena inferior a la de prisión mayor en su grado mínimo. A partir, por tanto, de la apreciación por parte de la Sala sentenciadora de que nos encontramos ante uno de los mencionados "actos de colaboración" con banda armada, el precepto legal en cuestión hubiera debido permitir la imposición de una pena proporcionada a las circunstancias del caso: no habiéndolo hecho así, el reiterado precepto incurre en inconstitucionalidad en el sentido que se acaba de indicar. (Sentencia 136/1999, de 20 de julio, TCE, FJ 30).

Otro ejemplo de la doble dimensión de los derechos fundamentales, y en este caso específico del derecho de sufragio, es la Sentencia del Expediente SUP-JDC-11/2007, de seis de junio, de la Sala Superior del Tribunal Electoral del Poder Judicial de la Federación Mexicana, que en relación a la protección de los derechos político-electorales de los ciudadanos miembros de una comunidad indígena sobre una afectación a su derecho de sufragio, señalará que los recurrentes son titulares de este derecho y a su vez deben recibir la protección y garantías necesarias por parte del Estado para el ejercicio del mismo atendiendo a sus particularidades.

> (…) tanto en la Constitución Federal como local, se establece el reconocimiento a la autonomía de los pueblos indígenas a fin de elegir a sus autoridades municipales, para lo cual el legislador está compelido a desarrollar las normas específicas mediante las cuales se promuevan y regulen de forma precisa dicho tipo de elección, todo ello en cuanto a los usos y costumbres de cada comunidad indígena.
>
> Dentro de estas atribuciones que compelen a los órganos públicos a velar por el interés de los ciudadanos y en el caso, pertenecientes a una etnia indígena, debe señalarse que el actuar del instituto local, queda corto, ya que no dispuso, ni proveyó lo suficiente, razonable y necesario para que en la comunidad indígena de Tanetze de Zaragoza, sus habitantes pudieran elegir a los concejales

al ayuntamiento municipal respectivo, de conformidad con el sistema de usos y costumbres.

Lo anterior se deriva de que, el instituto es la autoridad en la que se delega la función de organizar y desarrollar los actos encaminados a realizar las elecciones, cuestión misma que tiene el carácter de interés público, contribuyendo así al desarrollo de la vida democrática, el aseguramiento de los ciudadanos del ejercicio de los derechos político-electorales, así como el que la celebración de los comicios se de en forma periódica y pacífica (Sentencia del Expediente: SUP-JDC-11/2007, Juicio para la Protección de los Derechos Políticoelectorales del Ciudadano, Sala Superior del Tribunal Electoral del Poder Judicial de la Federación Mexicana, FJ 5).

Vistos estos considerandos jurisprudenciales, tenemos que los derechos fundamentales representan los valores y principios concretos de una sociedad, de un Estado constitucional de Derecho. Desde el punto de vista jurídico-político, ello significará una legitimación del orden positivo estatal y una voluntad de integración material (Smend, 1982, p. 170). Es en este Estado constitucional en el que los derechos fundamentales se presentan en un doble dimensión; "al mismo tiempo que los derechos fundamentales operan como derechos de defensa frente al Estado, con lo cual contribuyen a la salvaguarda de la libertad individual, se objetivizan, como elementos de orden objetivo"(Fernández Segado, 1993, p. 207); será en este Estado constitucional en el que particularmente los derechos de participación política, serán las "garantías constitutivas de la función del orden democrático" (Schneider, 1979, p. 27).

Finalmente, luego de los aportes citados, una correcta comprensión del sentido y alcance de los derechos fundamentales, exigiría asumir que la concepción actual no equivale a la tradicional del liberalismo individualista y que cada teoría o modelo de interpretación de los derechos será, pues, el reflejo de una determinada concepción de la Constitución y del Estado, que dotará de contenido y alcances diferentes a un mismo derecho fundamental, lo cual también se verá reflejado en la doctrina y jurisprudencia. Como se ha apreciado, la tendencia actual es la comprensión de los derechos fundamentales en su doble vertiente, naturaleza o dimensión.

3. El Contenido de un Derecho Fundamental y su Delimitación

3.1. *La doble dimensión de los derechos fundamentales y la posibilidad de delimitación.*

Aba (1998, p. 15) señala que partiendo de la doble naturaleza de la que disfrutan los derechos fundamentales, los derechos no se agotan en su vertiente subjetiva que los limita a una colisión entre la libertad del individuo y el Estado, sino que, en cuanto elementos objetivos del ordenamiento, son asumidos por éste que se ve obligado desde la Constitución a conseguir su realización. De tal modo que siendo ésta la configuración constitucional de los derechos fundamentales, la intervención pública en estos ámbitos de libertad y de participación, se presenta necesaria, pues la propia Constitución que los reconoce o garantiza será también a su vez norma de delimitación de los mismos.

Aguiar (1993) nos recuerda que en los inicios del Estado liberal, cuando se da el reconocimiento de los derechos fundamentales, la Declaración de los Derechos del Hombre y del Ciudadano de 1789 de la Asamblea Nacional Francesa, establecía en su artículo 4 que "el ejercicio de los derechos naturales de cada hombre tan sólo tiene como límites los que garantizan a los demás miembros de la Sociedad el goce de estos mismos derechos" y que "tales límites tan sólo pueden ser determinados por la Ley", por lo que no sería cuestión la posibilidad de establecer límites más allá de los constitucionalmente declarados (sean éstos explícitos o inmanentes), y que en el caso de admitir tal posibilidad se podría entender que esa posible introducción de límites a los derechos fundamentales sólo pueden tener lugar por norma de fuerza general (esto es, mediante ley o norma de igual rango) y en el marco de una habilitación constitucional ya explícita, ya implícita, y se plantearía como interrogante si son posibles otros límites de los derechos fundamentales más allá de los establecidos por el constituyente.

3.2. *El contenido de un derecho fundamental y sus límites.*

Sobre el contenido y la limitabilidad de los derechos fundamentales, Prieto (2000) sostenía que "los derechos ostentan un contenido prescriptivo que resulta inaccesible al legislador" (p. 430), la fuerza normativa de la Constitución impediría que el legislador ordinario o cualquier otro poder público someta a debate aquello decidido por el poder constituyente; estas consideraciones servirían de base a la tesis de la ilimitabilidad de los derechos, que considera que éstos tienen un contenido constitucionalmente declarado o tipificado y, salvo que ofrezcan una habilitación explícita sencillamente no pueden ser limitados.

> (…) esto no significa que los derechos sean ilimitados, en el sentido de que autoricen cualquier conducta; supone tan solo que aparecen ya delimitados en el texto constitucional y, dentro de este círculo delimitado, no cabe ninguna restricción. En consecuencia, los complejos problemas que a veces se presentan como casos de limitación de los derechos no serían tales: o bien la ley penetra en el recinto prohibido y entonces es inválida, o bien no lo hace y entonces el asunto nada tiene que ver con el régimen de los derechos; es verdad que en este último caso una norma imperativa que condicione la conducta de los

ciudadanos puede aparecer prima facie como una limitación, pero si, tras la debida interpretación, resulta que no afecta a los derechos, su validez será incuestionable, pues no hay que pensar que toda conducta se halla en principio amparada por un derecho (Prieto, 2000, p. 430)

Para Aguiar (1993, p. 10) resulta problemático construir un concepto unitario de límites, pues citando a Zagrebelsky (1984, citado en Aguiar 1993), los derechos fundamentales, en función de su contenido, pueden cuando menos englobarse en tres grandes categorías, que son los derechos de libertad negativa (o derechos a no ser compelido a algo), derechos de libertad positiva (o derechos a ejercer libremente una determinada actividad) y derechos de prestación; por lo que, consecuentemente, debe adecuarse la noción de límite al contenido de los derechos comprendidos en cada una de las categorías mencionadas. Para este autor, el problema, desde la lógica interna del sistema constitucional, que ha de plantearse sería la "compatibilidad entre la posibilidad de establecer límites a unos derechos, a unas posiciones jurídicas subjetivas, que aparecen reconocidos al máximo rango normativo, a nivel constitucional, con la naturaleza jurídica propia de dicha norma y su consiguiente fuerza normativa" (p. 12).

Aba (1998, p. 18) menciona que los límites internos o intrínsecos de los derechos fundamentales residen en la propia Constitución, pero esto no siempre significa que se establezcan expresamente, sino que, por el contrario, lo habitual no es la delimitación expresa del contenido constitucionalmente protegido o que se enuncie o trace alguno de estos límites. En tales circunstancias, quien establece expresamente la delimitación del derecho será el legislador en desarrollo del mismo o en última instancia el Tribunal Constitucional, quiénes realizarán una interpretación de la Constitución, en su unidad, para conocer cómo en ella quedan configurados los derechos fundamentales y demás bienes jurídicos protegidos, configurando así el contenido del derecho. Así, un ejemplo sería la redacción, en las Constituciones, del derecho de reunión pero *de forma pacífica*.

Ahora bien, más allá de los límites internos que configurarían el contenido de un derecho, no tanto una limitación estricta, se presentan límites externos, auténticos límites, que restringirían de diversas maneras el contenido de un derecho. Así, en ocasiones, el constituyente establece límites externos a tener en cuenta cuando se presente conflicto entre derechos; por ejemplo, tal es el caso de los derechos de reunión, libertad ideológica, religiosa, frente la limitación del *orden público* o *paz social*. Aunque, no todos los supuestos constitucionales tendrán similar resolución; ejemplo de ello son los derechos de libertad de información y expresión frente al derecho de intimidad; por lo que serán las circunstancias las que determinen la solución al conflicto y permitan una interpretación y ponderación constitucional, entre otros. Asimismo es importante señalar que los límites de los derechos fundamentales no necesariamente deben estar expresos en la Constitución, sino que, como se ha visto, pueden derivar de la necesidad de protección o preservación de otros derechos o bienes constitucionales. Así, este sentido último lo hallamos en la jurisprudencia del Tribunal Constitucional Español, en las STC 11/1981, de 8 de abril, y STC 2/1982, de 29 de enero.

> Tampoco puede aceptarse la tesis del recurso de que los derechos reconocidos o consagrados por la Constitución sólo pueden quedar acotados en virtud de límites de la propia Constitución o por la necesaria acomodación con el ejercicio de otros derechos reconocidos y declarados igualmente por la Norma Fundamental. Una conclusión como ésta es demasiado estricta y carece de fundamento en una interpretación sistemática en la Constitución y en el Derecho constitucional, sobre todo si al hablar de límites derivados de la Constitución, esta expresión se entiende como derivación directa. La Constitución establece por sí misma los límites de los derechos fundamentales en algunas ocasiones. En otras ocasiones el límite del derecho deriva de la Constitución sólo de una manera mediata o indirecta, en cuanto que ha de justificarse por la necesidad de proteger o preservar no sólo otros derechos constitucionales, sino también otros bienes constitucionalmente protegidos.
> De esta suerte hay que volver, como centro de gravedad de la cuestión propuesta, a la idea de «contenido esencial» del art. 53 de la Constitución (Sentencia 11/1981, de 8 de abril, TCE, FJ 7).
> (…) no existen derechos ilimitados. Todo derecho tiene sus límites que, como señalaba este Tribunal en Sentencia de 8 de abril de 1981 («Boletín Oficial del Estado» de 25 de abril) en relación a los derechos fundamentales, establece la Constitución por sí misma en algunas ocasiones, mientras en otras el límite deriva de una manera mediata o indirecta de tal norma, en cuanto ha de justificarse por la necesidad de proteger o preservar no sólo otros derechos constitucionales, sino también otros bienes constitucionalmente protegidos. (Sentencia 2/1982, de 29 de enero, TCE, FJ 5);

Las posturas sobre la limitación de los derechos fundamentales, serán duramente criticadas por algunos autores como De Otto (1988, p. 150), quien sostendrá que se estaría facilitando el debilitamiento de la protección constitucional de los derechos y libertades públicas y privando de eficacia a los requisitos y exigencias que son capitales para la verdadera limitación. Para el autor esta "teoría de limitabilidad general de los derechos" proveniente de la doctrina alemana de los "límites inmanentes" —que sostiene que los límites son inmanentes al reconocimiento mismo del derecho de forma que también cuando se reconocen sin reserva de limitación específica pueden ser limitados por el legislador—, no tendría sustento, pues el legislador dispone de una capacidad general para limitar los derechos y libertades, pero ésta sólo puede tener lugar en la medida en que bien media una habilitación constitucional expresa o bien así lo requiere la plenitud de otros derechos, bienes o valores constitucionales, sin que se dé un debilitamiento en la protección de los derechos.

Es pertinente señalar que la configuración del contenido de los derechos fundamentales y el problema de sus límites, es una de las líneas clave en el tratamiento jurisprudencial. Así podrá interpretarse de acuerdo a una visión de los derechos fundamentales como derechos subjetivos o también como objetivos, dependiendo del enfoque de los mismos, las constituciones y el tipo de Estado. Los modelos liberales, y también los institucionales o garantistas, conciben a la "no interferencia" como objetivo de los derechos fundamentales, y en relación a ello definen la libertad. Ahora, para el modelo liberal el Estado cumple una función de "policía", es decir, únicamente si los derechos son vulnerados —afectación de la libertad individual—, se esperaría una intervención en la esfera de la libertad; mientras que para el modelo garantista, corresponde al Estado hacer posible el disfrute efectivo de la libertad, la intervención previa es en muchas ocasiones un requisito para poder disfrutar de los derechos.

Para Barranco Avilés (2001, pp. 209–210), desde una concepción basada en la libertad como no-interferencia, los derechos aparecen como límites externos al poder. El reconocimiento de los derechos supondría la articulación de un ámbito de libre disposición individual; los derechos de participación asumirían el papel de canales a través de los cuales los individuos compiten en el proceso político para conseguir que la actuación pública se oriente en un sentido que haga posible la mejor realización de sus intereses en este ámbito privado, y, por su parte los derechos sociales supondrían la exigencia al poder de la realización de prestaciones para que la libre disposición sea en él real y efectiva. Por su parte, en una concepción garantista, los derechos se impregnan de una fuerte dimensión objetiva que supone dar prioridad a aquellas posiciones jurídico subjetivas cuya garantía es, a su vez, la garantía del sistema político democrático (por ejemplo, la libertad de expresión) sobre aquellas otras posiciones en las que únicamente está implicado el interés individual; se haría pues referencia a la coincidencia del interés general y el interés individual.

La configuración del contenido de los derechos se pone de manifiesto en el tratamiento y articulación de las relaciones de algunos derechos fundamentales, como ejemplo el derecho a la libertad de expresión. Sobre este caso, un Tribunal que interprete desde una concepción subjetiva de los derechos fundamentales, señalará que la libertad de expresión es una *libertad preferente*. El origen de considerar a determinados derecho como *libertades preferentes* se halla en la jurisprudencia norteamericana[10]. Evidenciamos esta perspectiva subjetiva de *libertad preferente* en algunas jurisprudencias del Tribunal Constitucional Español.

---

[10] Sobre ello puede revisarse el trabajo de Corwin (1987).

> (...) la libertad de expresión se ejercitó en condiciones que, constitucionalmente, le confieren el máximo nivel de eficacia preferente y, en consecuencia, que la lesión inferida a la dignidad de clase determinada del Estado encuentra justificación en la protección que merece el ejercicio de dicha libertad (Sentencia 107/1988, de 8 de junio, TCE, FJ 3).
>
> (...) Dada la evidente perspectiva constitucional del caso, el Juez no estaba obligado a otorgar preferencia a uno o a otro de los derechos en juego, pero sí estaba obligado, ex art. 53.1 de la Constitución, a tomar en consideración la eventual concurrencia en el caso de la libertad de opinión y de la libertad de información a través de la prensa del periodista cuyo artículo se enjuiciaba. Lo que no pudo es razonar y fallar aplicando e interpretando exclusivamente los arts. 586, 460 y 570 del Código Penal sin tener en cuenta, como es obligado, la proyección que sobre ellos tiene la libertad consagrada en el art. 20 de la Constitución, cuya mención y análisis omite por completo (Sentencia 104/1986, de 17 de julio, TCE, FJ 7).

Finalmente, en resumen, desde una perspectiva liberal o subjetiva, un derecho constituye una manifestación de la libertad, cualquier intervención —sea del Estado o no— supondría un límite. Ahora bien, en general, los derechos fundamentales, en cuanto derechos subjetivos, hace de manifiesto a sus titulares la posibilidad de ser protegidos ante cualquier intervención o actuación de los poderes públicos; pero también es cierto que hoy, se presenta un fundamento objetivo del ordenamiento, pues se impone a los poderes públicos, el deber de adopción de medidas necesarias para proteger los derechos fundamentales, y también para delimitarlos sin afectar su contenido, y en especial su contenido esencial, aunque esto último atenderá a principios como el de la proporcionalidad que se verá luego. Así, respecto al derecho de sufragio pasivo, ejemplos de delimitación serán las acciones de limitación positiva como las cuotas electorales, regulación de la edad, la participación de los ciudadanos extranjeros, entre otros que se verán más adelante.

3.3. *Los límites de los límites de los derechos fundamentales.*

La cuestión a plantearse, en relación a este tema, es determinar en qué casos y hasta dónde pueden los poderes públicos limitar el ejercicio de los derechos fundamentales. Hay que señalar que las normas de limitación no son absolutas al igual que los derechos que limitan[11]. La expresión "límites de los límites" hace

---

[11] Por ejemplo, en el texto constitucional peruano no se cuenta con disposiciones similares al artículo 19 de la Ley Fundamental de Bonn o al artículo 53.2 de la Constitución Española, pero ello no significará que por esta consideración los derechos fundamentales consagrados por la Constitución tengan carácter de absolutos.

referencia a los requisitos formales y/o materiales para las leyes restrictivas de los derechos y libertades, de manera que operan como límites a la capacidad limitadora del legislador en materia de derechos fundamentales. Podemos ilustrar lo aquí manifestado citando el artículo 19 de la Ley Fundamental de la República Federal de Alemania —Ley Fundamental de Bonn—.

Artículo 19
Restricción de los derechos fundamentales
(1) Cuando de acuerdo con la presente Ley Fundamental un derecho fundamental pueda ser restringido por ley o en virtud de una ley, ésta debe tener carácter general y no estar limitada al caso individual. Además, la ley debe mencionar el derecho fundamental indicando el artículo correspondiente.
(2) En ningún caso un derecho fundamental podrá ser afectado en su contenido esencial.
(3) Los derechos fundamentales rigen también para las personas jurídicas con sede en el país, en tanto por su propia naturaleza sean aplicables a las mismas.
(4) Toda persona cuyos derechos sean vulnerados por el poder público, podrá recurrir a la vía judicial. Si no hubiese otra jurisdicción competente para conocer el recurso, la vía será la de los tribunales ordinarios. No queda afectado el artículo 10, apartado 2, frase 1.

Los límites de los derechos fundamentales han de ser ponderados en cada caso y deben de ser interpretados restrictivamente. Esta perspectiva puede apreciarse, por ejemplo, en algunas jurisprudencias del Tribunal Constitucional Español como la STC 159/1986 que señalaba que los límites deben de ser interpretados con criterios restrictivos en el sentido más favorable a la eficacia y a la esencia de los derechos fundamentales.

(...) los derechos y libertades fundamentales no son absolutos, pero no lo es menos que tampoco puede atribuirse dicho carácter a los límites a que ha de someterse el ejercicio de tales derechos y libertades. Tanto las normas de libertad como las llamadas normas limitadoras se integran en un único ordenamiento inspirado por los mismos principios en el que, en último término, resulta ficticia la contraposición entre el interés particular subyacente a las primeras y el interés público que, en ciertos supuestos, aconseja su restricción. Antes al contrario, tanto los derechos individuales como sus limitaciones, en cuanto éstas derivan del respeto a la Ley y a los derechos de los demás, son igualmente considerados por el art. 10.1 de la Constitución como «fundamento del orden político y de la paz social». Así este Tribunal pudo declarar en su STC 25/1981, de 14 de julio, que los derechos fundamentales resultan ser «elementos esenciales de un ordenamiento objetivo de la comunidad nacional», reiterando posteriormente el destacado interés público que se halla en la base de la tutela de los derechos fundamentales.

Se produce, en definitiva, un régimen de concurrencia normativa, no de exclusión, de tal modo que tanto las normas que regulan la libertad como las que establecen límites a su ejercicio vienen a ser igualmente vinculantes y actúan recíprocamente. Como resultado de esta interacción, la fuerza expansiva de todo derecho fundamental restringe, por su parte, el alcance de las normas limitadoras que actúan sobre el mismo; de ahí la exigencia de que los límites de los derechos fundamentales hayan de ser interpretados con criterios restrictivos y en el sentido más favorable a la eficacia y a la esencia de tales derechos. (Sentencia 159/1986, de 16 de diciembre, TCE, FJ 6).

3.3.1. El contenido esencial.

Si bien encontramos varios trabajos en relación a este tema[12], así como tendencias jurisprudenciales, la delimitación del contenido esencial de un derecho fundamental sigue y seguirá siendo un tema muy espinoso.

Martínez-Pujalte (1997) en un interesante trabajo aborda la garantía del contenido esencial de los derechos fundamentales. Plantea que la concepción del contenido esencial como límite de los límites, concepción proveniente de la doctrina alemana, no es satisfactoria, pues en Alemania se plantearían dos teorías en relación con el contenido esencial: unos se decantan por una teoría absoluta que defiende que el derecho fundamental tiene una parte nuclear que es inatacable; y otro sector por una teoría relativa, que asimila contenido esencial y principio de proporcionalidad. Martínez-Pujalte (2006, p. 76) señalará que entre los elementos de la teoría de los derechos fundamentales encontramos la distinción entre el "ámbito material" y el "ámbito jurídicamente protegido" de los derechos fundamentales. Así, el contenido de la mayor parte de los derechos fundamentales se encuadra en un determinado ámbito de actividad: expresarse, reunirse, crear asociaciones, etc. o de la personalidad humana "como los derechos a la vida, a la integridad física, al honor o a la intimidad" (p. 78); sin embargo, no todas las conductas que se integran en ese ámbito de

---

[12] Uno de los primeros trabajos de mayor estudio fue el desarrollado por Häberle (2003) quien en su estudio sobre el doble carácter de los derechos fundamentales: desde una dimensión institucional y como derecho individual, desarrollaba en la última parte de su libro "La garantía del contenido esencial de los derechos fundamentales en la Ley fundamental de Bonn" la significación de la garantía del contenido esencial de los derechos fundamentales: su carácter declaratorio y su cualidad de garantía institucional. Para el autor el artículo 19.2 de la Ley Fundamental de Bonn es una "norma constitucional vacía", simplemente declarativa al ser complemento de otros principios ya expresados en el mismo texto constitucional; pero que ello no significa que no tenga interés, sino que juega un papel clave en lo referido a seguridad jurídica, pues el legislador no irá contra lo expresamente manifestado en el texto, por lo que se hallaría frente a una garantía institucional.

actividad obtienen protección jurídica, la encuentran tan sólo aquellas conductas que forman parte de lo que la Constitución —en referencia a la Constitución Española—, con terminología importada de la Ley Fundamental de Bonn, denomina "contenido esencial" de los derechos (Martínez-Pujalte, 2006, p. 76), contenido que exige del intérprete una tarea de delimitación que ha de llevarse a cabo mediante la interpretación sistemática y teleológica de los preceptos constitucionales en los que se reconocen los derechos fundamentales.

Gavara (1994) en relación al contenido esencial, sobre el adjetivo "esencial", advierte que hay tres acepciones: lo general en contraposición a lo particular, lo que permanece en contraposición a las circunstancias cambiables, y lo determinante necesario en contraposición a lo accesorio. La primera acepción haría referencia a la disyuntiva de si el contenido esencial debe ser determinado de un modo generalizable o de un modo individualizable, es decir aplicado a cada derecho fundamental en concreto; el autor se inclina por esta segunda postura. Sobre la segunda acepción señala que ésta se refiere a que la afectación del contenido esencial de un derecho fundamental no puede ser juzgada en relación a la finalidad de la medida restrictiva, sino exclusivamente a lo que permanece o resta tras los límites, para lo cual plantea la interrogante de hasta dónde pueden llegar estos límites. La tercera acepción sería la empleada por los defensores de la teoría absoluta del contenido esencial, en la que se considera la definición en base a las propiedades del derecho, es decir el contenido esencial estaría constituido por los rasgos típicos del derecho fundamental; dentro de esta acepción una tendencia sostendría que el contenido esencial sería equiparable al de la dignidad de la persona, y otra que la determinación del contenido esencial estaría constituida por un núcleo opuesto a su periferia, un "núcleo duro", diferente a sus envolturas débiles que serían susceptibles de regulación.

Gavara (1994) explica la teoría de los derechos fundamentales que considera al contenido esencial como absoluto, pero relativizable a través de límites inmanentes del propio derecho. La tesis de la inmanencia, se daría por ejemplo cuando los derechos fundamentales carezcan de reserva de ley, y por ello se tenga que analizar una ponderación de los bienes.

> Se puede desglosar en el análisis del método de la ponderación de bienes y de la aplicación del principio de proporcionalidad para solucionar los conflictos entre derechos fundamentales y derechos de terceras personas y bienes jurídicos constitucionales (Gavara, 1994, p. 285).

3.3.2. Necesidad de justificación de los límites a los derechos.

Situaciones o ejemplos de justificación de los límites, señala Peces Barba (1980, p. 113) son los límites intrínsecos que derivan de la propia naturaleza de cada derecho y de su función social; según ello existiría un límite objetivo, y la actitud del sujeto titular que sería el límite subjetivo. Si se produce la infracción del límite objetivo intrínseco estamos ante un fraude a la ley o ante una construcción objetivista de la doctrina del abuso del derecho, lo cual sería un ejercicio anormal del derecho fundamental. También existirían los límites externos al ejercicio de los derechos fundamentales como son: el derecho ajeno, la moral vigente, el orden público y el bien común, que sólo pueden ser entendidos en un contexto democrático[13].

Aguiar (1993) señala que debemos desenvolvernos en el ámbito de los enunciados constitucionales y "que, por tanto, sólo podrán desempeñar ese papel habilitante los bienes, valores y derechos constitucionalmente consagrados; lo contrario supondría dejar los derechos y libertades carentes de fuerza constitucional vinculante al albur de mayorías legislativas coyunturales" (p. 27). Esta tarea no es sencilla, pues, aprecia el autor, que en las diferentes sentencias del Tribunal Constitucional —refiriéndose al TCE— se aprecia las dificultades que plantea la interpretación de los derechos fundamentales en la Constitución en relación a los institutos y criterios interpretativos referidos a los límites de los derechos.

En general al referirnos a los bienes, valores y derechos constitucionalmente consagrados como habilitantes de los límites, debemos atender a algunas consideraciones. Una primera consideración serían los valores o bienes supremos expresados en los enunciados de los derechos fundamentales de una determinada Constitución, pues en la redacción y estructura de la misma se presentaría una ponderación implícita[14]. Una segunda consideración sería la remisión a instrumentos supranacionales, a efectos de interpretación[15]. Una tercera consideración, es la tendencia de los Tribunales a fijar criterios jurisprudenciales en relación a la doctrina

---

[13] Peces Barba (1980, p. 113) opta por la denominación "límites", y señala que en un contexto democrático no debe utilizarse el término "limitaciones" pues éste correspondería al supuesto de una sociedad autoritaria.

[14] Ejemplo de ello sería el artículo 168 de la Constitución Española que señala que para la revisión de la Constitución que afecte, entre otros, el Título I referido a derechos fundamentales se procederá a la aprobación del principio por mayoría de dos tercios de cada Cámara, y a la disolución inmediata de las Cortes, lo cual mostraría una implícita "jerarquización". Puede revisarse un mayor análisis en Alonso García (1984).

[15] Ejemplo de ello sería la Disposición Final cuarta de la Constitución Política del Perú que señala que las normas referidas a derechos fundamentales se interpretarán de acuerdo a la Declaración Universal de Derechos Humanos y otros tratados y acuerdos internacionales ratificados. Así en el artículo 29 de la Declaración Universal de Derechos Humanos se establecen algunos criterios de interpretación relacionadas con las limitaciones a los derechos.

americana sobre la "preferred position de los derechos fundamentales" (Fernández Sepulveda, 1985, p. 160), así la posición de las libertades es *preferred* o preferencial sobre otros valores, de donde su protección es la protección de valores superiores del ordenamiento (García Enterría, 1981, p. 57).

3.3.3. El principio de proporcionalidad.

Cabe precisar que en las tradiciones jurídico-constitucionales —principalmente nos referimos a Europa continental y a los Estados Unidos de Norteamérica— se ha abordado este principio a través de diversos estudios y su aplicación frecuente por los tribunales en la interpretación del alcance de los derechos fundamentales. Es denominado principio de "razonabilidad" en el *common law* y de "proporcionalidad" en la tradición europea[16], cuya preocupación común es básicamente la necesidad de asegurar la supremacía del contenido esencial de las normas de derechos fundamentales frente a la necesaria intervención de los poderes públicos.

> Concebida en términos aparentemente diferentes en varios sistemas jurídicos (…) en Europa continental suele hablarse del "principio de proporcionalidad", en tanto que la expresión "principio de razonabilidad" se emplea especialmente en Estados Unidos. No obstante, las diferencias entre uno y otro concepto son más aparentes que reales (Cianciardo, 2004, p. 25).
>
> El principio de proporcionalidad, o más precisamente, los criterios que a él subyacen, son de uso común y habitual por tribunales constitucionales de Europa (…) y América (…) y por jurisdicciones internacionales de protección de los derechos humanos (…) la proporcionalidad "es aplicada casi universalmente en el mundo jurídico occidental", sin importar la tradición a que se pertenezca o si se trata de tribunales domésticos o internacionales (Sánchez Gil, 2007, p. 5).

Sobre el principio de razonabilidad Sapag (2008, pp. 168–169) explica que con el objetivo de mantener el orden económico, la seguridad jurídica, y evitar el subjetivismo judicial, la Corte norteamericana diseñó tres tipos de tests o estándares de revisión legal, denominados "escrutinios" *(scrutiny)*, los cuales serían distintos niveles de intensidad en el control de razonabilidad de las leyes. El primer escrutinio, y el más exigente, es el "escrutinio estricto" *(strict scrutiny)* según el cual una norma o clasificación que regula un derecho fundamental, se presume inconstitucional. Para superar el test, el Estado debe probar que el acto se dictó con la finalidad de promover un interés estatal "imperioso" *(compelling state interest)* y, además, que es

---

[16] Autores como Prieto (2001, 2003) utiliza la denominación "juicio de ponderación".

necesario y se encuentra "confeccionado a la medida" *(narrowly tailored)*. El segundo test se conoce como el "escrutinio intermedio" *(intermediate scrutiny)*, mediante el cual se controlan las regulaciones estatales al ejercicio de derechos en aras de intereses estatales legítimos, no ya imperiosos, sino "importantes", se presume primero que la medida es inconstitucional. El tercer escrutinio es el *rational basis review*, o control de relación razonable. Se trata de un examen residual sobre normas que no caen dentro de los supuestos de aplicación de los dos escrutinios anteriores. Este test exige que la medida, que en este caso se presume constitucional, mantenga una relación razonable o racional con la finalidad perseguida, que debe ser legítima, y que los medios resulten adecuados a la misma.

Al desarrollar el tema del contenido esencial de los derechos fundamentales se mencionó de soslayo al método de la ponderación de los bienes. Sobre ello, Gavara (1994, p. 290) señala que el método de ponderación de bienes, desde una posición *abstracta*, parte de una situación de conflicto entre un derecho fundamental y un bien jurídico constitucional por lo que con este método se buscará determinar una jerarquía presupuesta en la redacción del texto constitucional. Si esta jerarquía no es posible determinarla se atenderá a una posición *concreta* a través del principio de proporcionalidad en sentido amplio.

Ahora bien, el principio de proporcionalidad ha sido exhaustivamente estudiado en la doctrina[17], y engloba tres subprincipios: adecuación, necesidad y proporcionalidad en sentido estricto.

> El test de proporcionalidad comprende tres elementos: juicio de adecuación —la medida que se evalúa ha de ser adecuada para la consecución de un fin constitucionalmente lícito—, juicio de necesidad —la medida ha de ser necesaria, y no existe una alternativa menos gravosa—, y juicio de proporcionalidad en sentido estricto —que se traduce en una evaluación de costes y beneficios, es decir, las ventajas que se obtienen con la medida han de ser mayores que las desventajas que la misma genera: cabe añadir a este respecto que, en la aplicación del principio de proporcionalidad que se defiende (…) las desventajas que es relevante examinar se reducen al posible impacto de la medida en la dimensión institucional de los derechos fundamentales por desalentar su ejercicio lícito.
>
> En buena medida, el principio de proporcionalidad se encuentra ligado —especialmente en la doctrina alemana— a las teorías relativas acerca del contenido esencial de los derechos fundamentales. (Martínez-Pujalte, 2006, p. 87).

---

[17] Algunos autores que lo han abordado de forma clara y exhaustiva son Alexy (1993), Gavara (1994), Sánchez Gil (2007). También podemos consultar la Revista Cuaderno de Derecho Público (1998), que en su número 5 dedicó su contenido íntegro al principio de proporcionalidad.

Entonces, uno de los límites a la limitación de los derechos fundamentales en una democracia constitucional es el examen de proporcionalidad en sentido amplio. Estas exigencias, ampliamente estudiadas en el derecho constitucional alemán, señalan que la validez de los derechos impone límites frente a los excesos de restricción *(Übermaß)* como frente a una omisión o acción insuficiente que imposibilite el ejercicio del derecho *(Untermaß)*. Los principales estudios de la dogmática constitucional alemán se han desarrollado fundamentalmente en torno al *Übermaßverbot*[18]. Los tres criterios para el examen de proporcionalidad en sentido amplio están dados por los subprincipios mencionados en párrafos precedentes: el mandato de idoneidad *(das Gebot der Geeignetheit)*, el mandato de necesidad, también denominado mandato del medio alternativo menos lesivo *(das Gebot der Erforderlichkeit* o *das Gebot des milderen Mittels)* y el mandato de la proporcionalidad en sentido estricto *(das Gebot der Proportionalität im engeren Sinne)*.

Clérico (2008, pp. 128–129) señala que es tarea también de la dogmática constitucional una reconstrucción crítica de la jurisprudencia a la luz del mandato de prohibición por omisión o insuficiencia, aunque no se lo aplique expresamente en las sentencias, pues en la mayoría de sentencias del Tribunal Alemán, como se ha mencionado, se ha abordado el principio de proporcionalidad como límite frente a los excesos de restricción de un derecho. Destaca por ello, la importancia del desarrollo de una dogmática constitucional del mandato de prohibición por omisión o insuficiencia, pues en algunos contextos, como el latinoamericano, se presentarían incumplimiento de obligaciones de hacer que imposibilitan el ejercicio de los derechos que tienen una función prestacional positiva[19].

---

[18] Esto puede apreciarse en las sentencias del Tribunal Constitucional Federal Alemán BVerfGE 88, 203 y BVerfGE 98, 265 relacionados con la constitucionalidad de la reglamentación de la interrupción del embarazo.

[19] Para mayor profundización pueden revisarse los trabajos de Clérico (Clérico, 2008, 2009, 2011a, 2011b).

Capítulo 3
Alcances y Límites del Derecho de Sufragio

1. Derecho de Sufragio y Derecho Electoral.

El Derecho electoral establece las condiciones jurídicas normativas para garantizar uno de los derechos principales de participación política de los ciudadanos como es la participación a través del sufragio, tanto en su vertiente activa —mediante la emisión de un voto—, como en su vertiente pasiva —posibilidad de ser elegido—. Una definición descriptiva y precisa de derecho electoral es la que nos presenta Aragón (2000) como,

> el conjunto de normas reguladoras de la titularidad y ejercicio del derecho de sufragio, activo y pasivo, de la organización de la elección, del sistema electoral, de las instituciones y organismos que tienen a su cargo el desarrollo del proceso electoral y del control de la regularidad de ese proceso y la veracidad de sus resultados (Aragón, 2000, p. 38).

Cuando se habla de "elecciones" generalmente se asocian éstas con la idea de "representación", pero en procesos como el referéndum también se realiza elecciones a través del sufragio activo, más no se presenta, desde luego, un sufragio pasivo. Ahora bien, más allá de los diversos enfoques que se presenten sobre el derecho electoral y su objeto, el derecho de sufragio se presenta como uno de los estudios más relevantes de esta rama del Derecho, un derecho caracterizado por su universalidad en un sistema democrático.

2. Consideraciones del Sufragio Activo.

Cuando hablamos del derecho de sufragio, nos referimos al sufragio en su manifestación activa y pasiva, es decir, los derechos de elegir y ser elegido. Ahora bien, por sufragio activo debe comprenderse el derecho individual de voto, del ciudadano con capacidad para participar en cualquier proceso eleccionario que se celebre.

Las conceptualizaciones del sufragio activo y pasivo reconocen una estrecha relación entre ambos, si bien la titularidad y las condiciones de sus respectivos ejercicios no son plenamente coincidentes en los ordenamientos electorales, tener la cualidad de elector (sufragio activo) es requisito general para tener la cualidad de elegible (sufragio pasivo).

3. Dimensión Subjetiva y Objetiva del Derecho de Sufragio.

En general el derecho de sufragio se halla regulado por los ordenamientos normativos, y son comprendidos desde una doble dimensión o naturaleza. Así el sufragio activo, en la mayoría de países requiere alguna condiciones, expuestas a través de requisitos positivos (normativos) como la ciudadanía (derecho de sufragio a los ciudadanos nacionales) —en algunos ordenamientos pueden participar también los ciudadanos extranjeros—, la edad (por lo general a los 18 años dependiendo del país), inscripción en el registro electoral, inhabilitaciones o incapacidades (como ser miembro de las fuerzas armadas o hallarse en situación de incapacidad civil judicialmente declarada), entre otras, que en muchos casos coincidirán con las condiciones o requisitos para ejercer el derecho de sufragio pasivo que desarrollaremos en el siguiente capítulo.

La doble dimensión o naturaleza de los derechos fundamentales fueron ampliamente desarrolladas en los primeros apartados de este capítulo. Siguiendo ese razonamiento, al ser considerado el derecho de sufragio un derecho fundamental reconocido en los diversos ordenamientos constitucionales, puede éste ser abordado desde una perspectiva subjetiva y objetiva. Desde una perspectiva subjetiva, hablamos del derecho de sufragio como una facultad del ciudadano garantizada por el ordenamiento jurídico, es decir del derecho como libertad[20], para este caso la libertad o derecho de votar o presentarse como candidato, así como de no votar o no presentarse como candidato. Desde una perspectiva objetiva, el derecho de sufragio constituye un principio angular de la democracia cuyo alcance y particularidades serán delimitados atendiendo al ordenamiento constitucional.

---

[20] La relación entre el Derecho y las libertades reconocidas en un ordenamiento jurídico hace referencia a que la libertad jurídica no es poder; ni capacidad derivada de la naturaleza, sino derecho. Puede consultarse ello en García Máynez (2009, p. 102). Así, la libertad jurídica se especifica en tres rubros: lo que el ordenamiento jurídico estipula como lo ordenado, lo prohibido, y lo permitido. Sobre esto, puede consultarse Villanueva (2011, p. 302).

En los ordenamientos constitucionales europeos y latinoamericanos, por lo general, se apreciará una prevalencia de la dimensión objetiva del derecho de sufragio[21]. Una manifestación de la perspectiva objetiva del derecho de sufragio es, por ejemplo, la obligatoriedad del voto, presente en casi la totalidad de los ordenamientos constitucionales de Latinoamérica. Así, Fernández y Thompson (2007) en sus estudios señalan que el derecho electoral de América Latina nos presenta un panorama diverso en materia de obligatoriedad del voto[22].

> Tres vertientes son identificables: el voto consagrado exclusivamente como un derecho (Nicaragua, República Dominicana y Venezuela), el voto como deber sin sanción por su no ejercicio (Colombia, Costa Rica, El Salvador, Guatemala, México y Panamá) y el voto obligatorio con sanción en caso de incumplimiento (Argentina, Bolivia, Brasil, Chile, Ecuador, Honduras, Paraguay, Perú y Uruguay) (Fernández & Thompson, 2007, p. 253).

Aragón (2007, p. 172) señala que la doble dimensión de los derechos fundamentales es especialmente significativa en el derecho de sufragio, y por ello no estaría mal que los propios textos constitucionales señalen expresamente los límites objetivos. Sin embargo, esta dimensión objetiva no debe prevalecer de tal manera sobre la consideración subjetiva hasta el punto de anularla o desvirtuarla. Ése sería el riesgo de la llamada *institucionalización* o entendimiento *utilitario* de los derechos fundamentales, que puede conducir, paradójicamente, a la excesiva limitación o incluso, en algunos casos, a la desaparición del derecho con el argumento de que de esa manera se garantiza mejor la *función* que el propio derecho realiza. Así autores como Álvarez Conde (1992, p. 344), respecto al derecho de sufragio, señala que algunos estudiosos han abordado la importancia de distinguir entre el sufragio como "derecho" (subjetivo) y el sufragio como "función", es decir si el contenido del derecho de sufragio se vincula con un derecho-deber subjetivo o con una norma funcional del orden jurídico.

En la participación política de los ciudadanos, a través sus facultades de intervenir en la esfera de lo público mediante la elección de sus representantes o autoridades de gobierno, surge un problema cuando se habla de restricciones a dicha participación, tales como: la obligación al voto, restricciones excesivas para presentarse como candidato en las elecciones, restricciones durante el proceso electoral, etc. Surge así la discusión de si nos hallamos frente a un derecho subjetivo o una función (dimensión

---

[21] Así por ejemplo, en varios ordenamientos latinoamericanos el derecho a voto, de ser un derecho subjetivo pasa a ser una obligación.

[22] En el caso peruano, la Constitución de 1993 señala que "el voto es personal, igual, libre, secreto y obligatorio hasta los setenta años. Es facultativo después de esa edad".

objetiva). Desde la iusfilosofía se considera que los derechos fundamentales son anteriores a las regulaciones normativas, y que por ende los poseemos por el simple hecho de ser personas. Sin embargo, desde el ámbito del derecho constitucional y electoral debe abordarse este tema para determinar la naturaleza del poder electoral, su extensión y contenido, y como consecuencia comprender si el derecho de sufragio para un ciudadano es un derecho subjetivo o una función de poder público.

Una excesiva *funcionalización* del derecho de sufragio —y por ende de los derechos o libertades conexas e involucradas— como la consideración de obligación del voto o abundancia de reglas electorales dadas por el legislador o un órgano electoral, encerraría un peligro, pues de no hallarse dentro de los límites de proporcionalidad o razonabilidad se estaría atentando contra la soberanía popular. Para autores como Aragón (2007) medidas restrictivas del derecho individual al sufragio podrían constituir un "exceso" de utilitarismo, como la reducción de la libertad de presentación de candidaturas mediante el establecimiento de su monopolio a favor de los partidos (lo que ocurre en la mayoría de países latinoamericanos) o la fijación de un número excesivamente elevado de firmas necesarias para la presentación de candidaturas independientes; o la ampliación de las causas de exclusión del derecho de sufragio o de los supuestos de inelegibilidades considerando circunstancias personales o sociales que no servirían como razones para negar la titularidad o el ejercicio de otros derechos, pero sí del derecho de sufragio basándose en el argumento que suministraría su "funcionalidad", esto es, el fin tan alto al que este derecho sirve.

Por todo ello, debe comprenderse que debe buscarse un equilibrio entre las perspectivas subjetiva y objetiva del derecho de sufragio, sin que una elimine o prevalezca sobre la otra, para ello debe atenderse a los principios del núcleo esencial y de razonabilidad o proporcionalidad para conciliar estas dimensiones (ejemplo, las acciones de discriminación positiva), procurando que el derecho de sufragio, tanto activo como pasivo, sea ejercitado por todos los ciudadanos sin dificultades, evitando así los riesgos de la funcionalización.

4. Partidos Políticos, Candidaturas Independientes y Sufragio.

Es interesante mencionar que la Corte IDH en el Caso Yatama vs. Nicaragua, si bien reconoció la importancia que revisten los partidos políticos como instrumentos esenciales para la democracia, expresó la posibilidad para postular a un cargo público a través de otras formas necesarias para asegurar la participación política de grupos específicos de la sociedad. Por su parte el Tribunal Europeo se ha referido al funcionamiento e importancia de los partidos políticos a través de la garantía del derecho de asociación del art. 11 del Convenio para la Protección de los Derechos

Humanos y de las Libertades Fundamentales, de 4 de noviembre de 1950; ello puede apreciarse en su jurisprudencia, en la STC del *Caso Partido Comunista Unificado de Turquía y otros vs. Turquía*, de 30 de enero de 1998, TEDH.

Los partidos se configuran hoy como los más importantes sujetos políticos que intervienen en el desarrollo y funcionamiento de los Estados modernos de democracia pluralista, constituyen el principal vehículo de relación entre el Estado-aparato y el Estado-comunidad (Blanco, 1990, p. 13). Cumplen un rol mediador o articulador para la representación política de los ciudadanos. Originariamente el concepto jurídico de los partidos políticos tal como hoy lo entendemos no se hallaba en los ordenamientos[23] —siglos XVII y XIX en Europa y América— y su retraso de reconocimiento e incorporación a los textos jurídicos trajo consigo el desarrollo retardado de sus funciones y con ello, la poca confianza en sus bases democráticas (Esparza, 2000).

Fundamentalmente en lo que respecta al sufragio pasivo, las organizaciones políticas son expresión de la libertad de asociación política, requisito para una democracia; sin embargo no debe confundirse una democracia de partidos con una democracia de ciudadanos, pues los partidos son instrumentos valiosos, pero será el pueblo la única fuente del poder en una democracia. En tal sentido, debe comprenderse respecto al derecho de sufragio pasivo y los derechos de participación política conexos, que éstos son detentados —estrictamente— por los ciudadanos, y que los partidos políticos son los instrumentos que permitirán ello.

Lo mencionado en el párrafo precedente podría generar confusiones sobre el rol y derechos de los partidos políticos en una democracia, pero debe comprenderse su papel como instrumentos auxiliares de la democracia y del derecho al sufragio. Por ello una crítica a varias constituciones latinoamericanas es la configuración de los partidos políticos como personas jurídicas de derecho público, y no como asociaciones privadas, más allá de la relevancia pública de sus actividades.

> Ni los partidos son órganos del Estado ni pueden manifestar, por sí mismos, bajo otras vestiduras jurídicas, la voluntad estatal (de ahí que pudieran quizá criticarse las definiciones de los partidos como personas jurídicas de derecho público que formulan determinados ordenamientos latinoamericanos, como los de Argentina, Bolivia, Brasil, Guatemala, Honduras, Nicaragua y Paraguay, y más aún la exigencia de afiliación partidaria para poder disfrutar del derecho de sufragio pasivo que se contiene en los ordenamientos de Brasil y Ecuador) (Aragón, 2007, p. 169).

---

[23] Así por ejemplo en Francia; hasta la V República, los partidos políticos franceses no tenían regulación precisa. Fue la Constitución de 1958, la que su artículo 4 señalaba que "los partidos y las agrupaciones políticas concurren a la expresión del sufragio. Se constituirán y ejercerán su actividad libremente dentro del respeto a los principios de la soberanía nacional y de la democracia.

Martín Núñez (2008) en un interesante estudio de la jurisprudencia del Tribunal Constitucional Español sobre el alcance e interpretación de los derechos de participación política, señala que los derechos de participación, entre ellos el sufragio pasivo, se reconocen principalmente a los ciudadanos; aunque —citando la STC 119/1995, de 17 de julio, TCE, FJ 3— en los mecanismos de participación tendrán que estar presentes los partidos y en general las agrupaciones políticas "mas no como titulares del derecho mismo a la participación, sino (...) como instrumentos fundamentales que son para hacerla posible, concurriendo, como la Constitución quiere, a la formación y manifestación de la voluntad popular" (p. 332). De otro lado citando la STC 3/1981, de 2 de febrero, TCE, respecto a la afirmación de algunos Tribunal extranjeros de que los partidos son *órganos casi públicos* nos recuerda —citando la STC 10/1983, de 21 de febrero, TCE, FJ 3— que los partidos no son órganos del Estado y que la trascendencia política de sus funcionas no altera su naturaleza asociativa (Martín Núñez, 2008, p. 333).

> La calificación de los partidos como asociaciones privadas, pero que, por mandato constitucional, ejercen funciones públicas -y de aquí su exigencia de democracia interna-que no son sujetos del derecho fundamental de participación política -pero que expresan
> el pluralismo político, contribuyen a la formación y la manifestación de la voluntad popular y son un instrumento fundamental para la participación política, según el artículo 6 CE-, junto con la jurisprudencia constitucional, que continúa afirmando que son los candidatos y no los partidos los que reciben el voto popular, son algunas de las consecuencias de esta elaboración de una teoría de la representación en sede de derechos fundamentales, y reflejan, en cierta medida, la complejidad de la Constitución (Martín Núñez, 2008, p. 339).

Se presentaría así un debate doctrinal que acentúa la función instrumental de los partidos políticos en el pluralismo político y la necesidad de una proximidad con la sociedad civil. En esta línea empezarán los estudios de las candidaturas independientes, que entienden que si el derecho a ser elegido descansa en los ciudadanos no podría excluirse a las asociaciones extrapartidarias.

> (...) las candidaturas adquieren la cualidad de requisito estructural y de condicionamiento temporal de la elección, y no parece justificable, al menos teóricamente, excluir a priori la posibilidad de presentar candidaturas extrapartidarias: el fondo del argumento descansa en que la posibilidad de ser votado es un derecho que corresponde al ciudadano en cuanto tal, y difiere de la especie que consiste en asociarse libremente para tomar parte en los asuntos políticos de su sociedad (De la Peza, 2007, p. 616).

Cuando hablamos de las candidaturas independientes nos referimos a agrupaciones ciudadanas, grupos de electores que presentan o permiten que uno sea candidato en un proceso electoral; como señala Serrano (2005), en el caso de las "agrupaciones de electores" en España, citando las sentencias STC 48/2003 y STC 85/2003 del Tribunal Constitucional Español, las agrupaciones de electores serían formaciones de naturaleza efímera que responden al designio de espontaneidad, no tienen más estructura y organización que las de las agrupaciones que instrumenta y su funcionamiento se reduce al necesario para la presentación de las candidaturas; constituyendo un instrumento de participación política que agota su sentido en la actualización del ejercicio de sufragio pasivo por parte de los particulares que en ellas se agrupan. Para poder presentar candidaturas necesitan estar avaladas por un número determinado de firmas debidamente acreditadas de personas inscritas en el censo electoral y se constituyen única y exclusivamente cuando se convoca un proceso electoral concreto (León, 2010, p. 143) [24].

En Latinoamérica se permite candidaturas independientes en algunos países. Así en Bolivia se habla organizaciones junto a los partidos políticos de organizaciones de las naciones y pueblos indígenas originarios campesinos y agrupaciones ciudadanas (art. 209 Constitución de Bolivia); en Colombia, de grupos significativos de ciudadanos (art. 108 Constitución de Colombia); en Panamá, de postulación libre (art. 138 Constitución de Panamá).

En un interesante trabajo, De la Peza (2007) se pregunta, en relación al derecho a ser elegido y el derecho a asociarse, si el ejercicio del primero está condicionado necesariamente al segundo, y si solamente los partidos podrían presentar candidaturas. Señala que las candidaturas independientes resultan plenamente justificables de acuerdo con el modelo democrático, "pero en su concreción histórica resulta necesario que los ordenamientos positivos prevean los mecanismos idóneos tanto para dotarlas de eficacia, como para dar certeza y seguridad a estas postulaciones, a fin de salvaguardar los legítimos intereses del propio cuerpo electoral" (p.617).

---

[24] En general en los países europeos y latinoamericanos que permiten las candidaturas independientes se exigen un número de firmas de electores para la presentación de la candidatura que va de entre un 0,5% a 2% de los ciudadanos que sufragaron en la última elección o de los inscritos en el censo electoral; y en algunos países este número de firmas puede ser una cifra establecida pequeña y adicionalmente un depósito económico. Pueden revisarse algunos datos de los requisitos exigidos sobre candidaturas independientes en los diferentes países de Europa y América en Chanona (2008).

Capítulo 4
El Derecho al Sufragio Pasivo

1. Consideraciones Generales del Derecho de Sufragio Pasivo

La conceptualización del derecho de sufragio pasivo indefectiblemente se halla influenciada por la dinámica de relaciones entre el derecho constitucional, el derecho electoral, las ciencias políticas y el derecho internacional de los derechos humanos. Como vimos en el capítulo precedente, hablar del derecho de sufragio activo significa algo más que el mero derecho de voto, un derecho con una alta connotación política que se halla atribuida a los ciudadanos como miembros de una comunidad política. Por su parte referirnos al derecho de sufragio pasivo es principalmente relacionarlo con el derecho —y posibilidad— de ser elegido, una de las facetas de derecho de sufragio; para lo cual a través del cumplimiento de determinados requisitos todos deben tener la oportunidad y libertad de poder presentar una candidatura, poder llevar adelante una campaña electoral, contar con garantías de transparencia en los resultados, así como garantías en los procedimientos del sistema electoral para la asignación de escaños y proclamación de representante electo.

> (…) en la medida en que para ser elegible primero hay que ser proclamado candidato, el sufragio pasivo significa, en primer lugar, el derecho a presentarse como candidato a las elecciones. El sufragio pasivo es democrático, pues, en la medida en que todos los ciudadanos (y no sólo una minoría) tienen (cumpliendo determinados requisitos que no vulneren el principio de igualdad) la oportunidad de ejercitarlo.
>
> No acaban ahí todavía las características que han de acompañar al derecho de sufragio para identificarlo con la democracia: es preciso que existan las correspondientes garantías de la veracidad del sufragio, esto es, del no falseamiento de sus resultados. Una administración electoral independiente del Poder Ejecutivo, neutral, transparente y bien dotada técnicamente, junto con un sistema de recursos jurisdiccionales que aseguren el control de las infracciones o errores que pudieran cometerse en el proceso electoral suponen, en fin, las últimas, pero indispensables notas que definen al sufragio como democrático (Aragón, 2007, pp. 163–164).

Esta posibilidad de ser elegido involucraría entonces tanto las condiciones reguladas para postular a un cargo o representación (elegibilidad) como la posibilidad jurídica de ser declarado electo, esto es atendiendo a las normas del sistema electoral. Así, por ejemplo, el Tribunal Constitucional Español en su STC 71/1989, de 20 de abril, en su FJ 4 señalaba que el derecho de sufragio pasivo tiene como contenido esencial asegurar que accedan al cargo público aquellos candidatos que los electores, en quienes reside la soberanía popular, hayan elegido como sus representantes, satisfaciéndose, por tanto, dicho derecho siempre que se mantenga la debida correlación entre la voluntad del cuerpo electoral y la proclamación de los candidatos.

2. Condiciones o Límites para el Ejercicio del Derecho de Sufragio Pasivo

Por el derecho de sufragio pasivo, toda persona tiene derecho a postularse como candidato a un determinado cargo, ejerciendo su derecho individual a través de los mecanismos o procedimientos establecidos en el ordenamiento electoral. El ejercicio de la postulación comprenderá no sólo los requisitos generales establecidos en los textos constitucionales sino además las particularidades específicas, condiciones o requisitos incorporados en las cartas fundamentales por las normas de desarrollo constitucional que conforman el ordenamiento electoral, lo cual expresaría la doble dimensión de los derechos fundamentales en general y del derecho de sufragio en particular.

Las exigencias normativas procuran desarrollar las condiciones y requisitos para los ciudadanos que aspiren a ocupar cargos públicos, o de representación, de base electiva. Por ello, las exigencias normativas nos permiten diferenciar aspectos relacionados con las condiciones de postulación de las candidaturas —que comprenden los requisitos, exigencias y límites (restricciones) para su presentación y formulación—; y aspectos relacionados con la selección y calificación de las candidaturas en el proceso electoral —que comprende condiciones o mecanismos de sistema electoral para su determinación y decisión durante el proceso y al finalizar el mismo—.

Atendiendo a la redacción, de las condiciones para el derecho de sufragio pasivo, en los ordenamientos electorales; podemos señalar que se exigirían en general requisitos positivos, los cuales se relacionan con las condiciones formales y generales que deben cumplir los candidatos; y requisitos negativos, que se hallan redactados como estados o situaciones en las que se halla el ciudadano que impedirían el ejercicio de su derecho de sufragio pasivo o el poder ocupar y ejercer el cargo en caso de ser elegido.

Es pues en la dimensión objetiva de los derechos fundamentales, abordada ampliamente en este trabajo, que cobra importancia la incorporación de exigencias o previsiones destinadas a limitar legalmente el derecho de sufragio pasivo; limitaciones que podrían afectar tanto a su contenido como a su funcionalidad. En esta parte del trabajo organizaremos las condiciones para el ejercicio del derecho de sufragio pasivo atendiendo a sus características comunes (requisitos positivos, negativos), interrelaciones, momentos (condiciones de postulación, condiciones de calificación, condiciones de asignación de escaños, declaración de electo) y particularidades de límites presentados en los ordenamientos electorales. Por ello, en un primer momento nos referiremos a los requisitos formales, luego a los requisitos de capacidad, a los de elegibilidad, a los del sistema electoral, y finalmente a algunos particulares no comunes que podrían presentarse.

2.1. *Requisitos genéricos o condiciones formales para el derecho de sufragio pasivo.*

Por requisitos genéricos entendemos los requisitos generalmente exigidos por los ordenamientos constitucionales y legislación electoral, en redacción positiva, diferente a otros requisitos cuya lectura o inferencia podrían ser en modalidad negativa tales como los supuestos de *in*elegibilidad o las *in*capacidades.

2.1.1. Ciudadanía.

En términos amplios, ciudadanía sería la condición que define a una persona su pertenencia a una comunidad política; y en una acepción más restringida se relacionaría con la nacionalidad. El término ciudadanía para De Lucas et al (2008, p. 33) es una categoría multidimensional. Así, "ciudadanía en sentido formal o técnico jurídico", sería el estatus legal que se adquiere y pierde de acuerdo con las normas de un Estado y que va asociado a la titularidad y el ejercicio de los derechos ligados a la condición de miembro pleno de la comunidad; desde este punto de vista sería una categoría tendencialmente estática y adscriptiva que está ligada a los privilegios de la membresía. Por su parte "ciudadanía como estatus político o como título de poder", significaría que el ciudadano es cotitular de la soberanía y partícipe de las decisiones de la comunidad política; desde este punto de vista sería concebida como un proceso o praxis orientada a conformar la convivencia colectiva a través del ejercicio de los derechos democráticos de participación y comunicación. Y por "ciudadanía como vínculo de identidad, de pertenencia y de reconocimiento conectado a una identidad nacional" se afirmaría su estrecha relación con la formación de identidades colectivas, con frecuencia asumidas como prepolíticas, que marcan una barrera de exclusión frente a las identidades alógenas o anómicas.

> (…) el concepto moderno de ciudadanía aparece vertebrado por la noción de soberanía y por la consolidación del proceso de construcción nacional de los Estados europeos surgidos de Westfalia. El desarrollo de la ciudadanía moderna entendida como pertenencia a una comunidad política nacional ha seguido caminos diversos —el modelo francés, de base civil, y el alemán, de base etnocultural y lingüística—, que determinan los dos principales modos de adquisición del estatus legal (ius soli e ius sanguinis). Si bien es cierto que cada uno de estos modelos dio un fundamento diverso a la categoría de ciudadanía, la construcción del Estado-nación llevó aparejada, en ambos casos, un proceso de intensa homogeneización cultural de toda la población del territorio del Estado. De un modo u otro, todos los Estados modernos han participado en este proceso de fabricación de la identidad nacional a través de la creación de narrativas político-fundacionales, la promoción (o imposición) de un idioma común y el fomento del sentimiento de pertenencia y de lealtad hacia determinadas instituciones, tradiciones y prácticas (De Lucas et al., 2008, p. 34)

Ahora bien, para De Lucas et al (2008, p. 36) este vínculo entre nacionalidad y Estado —del concepto de ciudadanía en su sentido moderno— legitimó los procesos de homogeneización cultural en el nivel interno y consolidó unos sistemas políticos cuyas estructuras institucionales no estaban preparadas para la coexistencia en un mismo espacio de soberanía de tradiciones nacionales y prácticas culturales diferenciadas como las que actualmente se asocian al fenómeno migratorio[25].

Desde una dimensión objetiva de los derechos fundamentales, debemos señalar respecto al derecho de sufragio pasivo en relación a los extranjeros que en los actuales ordenamientos éstos pasan a ser considerados sujetos políticos individuales y a la vez grupos colectivos con necesidad de reconocimientos. Esto supera el diseño y concepción liberal tradicional de las sociedades homogéneas en las que se reconocieron los derechos humanos, para afrontar fenómenos como la inmigración que replantean una heterogeneidad en los presupuestos de acceso a la ciudadanía[26]. Sobre la "ciudadanía liberal clásica", Arce (2012, p. 43) señalaba que aunque la ciudadanía clásica liberal es intencionalmente igualitaria y universalista, en su plasmación política aparecen fuertes restricciones jurídicas e institucionales a ambas

---

[25] Existe una triple perspectiva respecto al status político-jurídico de las personas inmigrantes. Una "perspectiva individual", que señala que sus derechos son detentados por su condición de persona, cuyo fundamento filosófico-político sería la dignidad humana y fundamento jurídico la Declaración Universal de los Derechos Humanos. Una "perspectiva nacional", vinculada al derecho de cada Estado-nación a regular su soberanía estatal. Y una "perspectiva internacional", relacionada con principios de interrelación entre Estados y de solidaridad internacional. Para un mayor estudio sobre lo mencionado puede consultarse Ferrer (1989).

[26] Algunos autores han denominado a este fenómeno actual "ciudadanía inclusiva".

aspiraciones. Hay que tomar en consideración "que la propia creación del Estado Moderno tiene como base en gran medida la fusión de Estado, cultura y nación, lo que acabó por identificar "demos" y "etnos", imponiendo la cultura dominante a las propias minorías internas" (Arce, 2012, p. 44).

Sin duda, la participación política a través del ejercicio del derecho de sufragio determina el sentido político del concepto de ciudadanía. Así pues algunos ordenamientos permiten ejercer el derecho de sufragio pasivo a los extranjeros en determinadas circunscripciones o alcances de elección o representación. Para el logro de esta equiparación recurren a vías jurídicas como la reforma de las leyes que regulan el acceso a la nacionalidad —como requisito para ejercer el derecho de sufragio—, o a la reformulación de la situación jurídica de los extranjeros como es la ampliación de derechos políticos —entre ellos el derecho de sufragio pasivo y activo— a los *residentes no nacionales*.

Sobre lo manifestado, es también en una dimensión objetiva de los derechos fundamentales, en la que estos ordenamientos se centran en la "residencia", como se verá más adelante, para superar la "nacionalidad"[27] como presupuesto de acceso a la ciudadanía plena, de tal manera que "la ciudadanía se identifica así con la aceptación de las reglas que gobiernan una determinada sociedad; es esta aceptación, expresada a través de la residencia, la que convierte a un individuo, tomado en abstracto, en ciudadano" (Presno, 2003, p. 63).

Ahora bien, respecto a los instrumentos internacionales que hacen referencia al sufragio pasivo, podemos mencionar la Declaración Universal de Derechos Humanos[28], que reconoce en su artículo 21 el sufragio pasivo, que con la mención "en su país" pareciera por vincular el derecho de sufragio a la nacionalidad. En el ámbito europeo, el Protocolo Adicional 1 del Convenio para la Protección de los

---

[27] Desde una dimensión objetiva de los derechos fundamentales, otras consideraciones que superan la concepción de la ciudadanía como consecuencia de la nacionalidad o del Estado Nación, sería la "ciudadanía multicultural", estudios ampliamente desarrollados por Kymlicka (1996), su principal exponente, y que será vista más adelante por ejemplo al hablar de grupos indígenas; la "ciudadanía postnacional" que hace referencia al patriotismo constitucional o a la lealtad a la Constitución y a sus valores, estudios ampliamente desarrollados por Habermas (2000), su principal exponente; la "ciudadanía transcultural" defendida por Rubio Carracedo (2007) como crítica a la occidentalización legalista a culturas no occidentales; y la "ciudadanía cosmopolita" desarrollada por autores como Held (1995) o Cortina (1997) que proponen a las instancias globales transnacionales para la integración política y protección de derechos.

[28] Declaración Universal de Derechos Humanos, 1966.

Artículo 21.

(1) Toda persona tiene derecho a participar en el gobierno de su país, directamente o por medio de representantes libremente escogidos.

(2) Toda persona tiene el derecho de acceso, en condiciones de igualdad, a las funciones públicas de su país.

Derechos Humanos y de las Libertades Fundamentales[29], en su artículo 3 hace referencia al sufragio en general utilizando la mención "pueblo" como titular del derecho, lo cual podría llevar implícitamente una vinculación a la nacionalidad. Ahora bien, el Consejo de Europa aprobó la Convención sobre la Participación de los Extranjeros en la Vida Pública Local (1992)[30] en el que establece en su capítulo C. la posibilidad de reconocer el sufragio activo y pasivo en el ámbito municipal a aquellos residentes extranjeros con un periodo de residencia continuada superior a los 5 años, y prevé la posibilidad de que cualquier Estado parte opte por un límite inferior a los 5 años (arts. 6 y 7), así como restricciones la exclusión de determinados procesos electorales locales (art. 15). Por su parte en el Tratado de Funcionamiento de la Unión Europea (TFUE), en el artículo 20[31] se hace referencia al sufragio pasivo para los "ciudadanos" de la Unión Europea en las elecciones al Parlamento Europeo y en las elecciones municipales del Estado miembro en el que residan, se aprecia pues respecto al sufragio pasivo una consideración mayor a través de una ciudadanía que iría más allá de su concepción liberal de Estado-nación, aunque no haría referencia a los residentes extranjeros de terceros países (no miembros de la Unión Europea)[32].

Finalmente, en algunos países se prescribe a la "ciudadanía de origen[33]" (de nacimiento) para acceder a los cargos públicos de elección. Y en algunos países como

---

[29] Protocolo Adicional 1 del Convenio para la Protección de los Derechos Humanos y de las Libertades Fundamentales, de 20 de marzo de 1952.

Artículo 3. Derecho a elecciones libres.

Las Altas Partes Contratantes se comprometen a organizar, a intervalos razonables, elecciones libres con escrutinio secreto, en condiciones que garanticen la libre expresión de la opinión del pueblo en la elección del cuerpo legislativo.

[30] Actualmente ratificado por nueve países (http://www.coe.int/en/web/conventions/full-list/-/conventions/treaty/144/signatures?p_auth=F0pswRii; fecha de consulta en la web de Council of Europe: 20 de abril de 2017).

[31] Tratado de Funcionamiento de la Unión Europea, versión consolidada por el Tratado de Lisboa firmado el 13 de diciembre de 2007.

Artículo 20 (antiguo artículo 17 Tratado Constitutivo de la Unión Europea)

1. Se crea una ciudadanía de la Unión. Será ciudadano de la Unión toda persona que ostente la nacionalidad de un Estado miembro. La ciudadanía de la Unión se añade a la ciudadanía nacional sin sustituirla.

2. Los ciudadanos de la Unión son titulares de los derechos y están sujetos a los deberes establecidos en los Tratados. Tienen, entre otras cosas, el derecho:

(…) b) de sufragio activo y pasivo en las elecciones al Parlamento Europeo y en las elecciones municipales del Estado miembro en el que residan, en las mismas condiciones que los nacionales de dicho Estado (…)

[32] El Consejo de la Unión Europea aprobó dos directivas relacionadas con el sufragio pasivo y la ciudadanía: la Directiva 93/109/CE, de 6 de diciembre de 1993 para las elecciones al Parlamento Europeo (arts. 3, 4, 5, 10, 14) y la 94/80/CE de 19 de diciembre de 1994 para las elecciones municipales (arts. 1, 3, 12).

México y El Salvador además de la ciudadanía de nacimiento se exigen para ser Presidente ser hijo de padre o madre ciudadanos del país de origen[34].

2.1.2. Cualidad de elector.

Gozar del derecho de sufragio activo se convierte en una cualidad previa para el ejercicio del derecho de sufragio pasivo. Como hemos visto en el punto anterior, puede darse la situación que algunos ordenamientos permitan el derecho de sufragio activo a los residentes extranjeros mas no el sufragio pasivo. En el caso de los ciudadanos nacionales la cualidad de elector, de posibilidad de ejercicio de sufragio activo, será condición necesaria y genérica para poder ejercer el sufragio pasivo.

2.1.3. Edad.

La edad para ejercer el derecho de sufragio pasivo varía considerablemente dependiendo de los países. A diferencia del sufragio activo en el que generalmente se presenta una estrecha relación con la edad establecida para las capacidades civiles y políticas y que son señaladas generalmente por la Constituciones[35], en el sufragio pasivo la edad sufre variaciones atendiendo a la ciudadanía nacional, a la residencia, al nivel de representación política, entre otros. Esta variación de edades en los

---

[33] Ejemplo de ello es la exigibilidad de ciudadanía de origen para poder ser elegido presidente, vicepresidente o parlamentario. En Latinoamérica este requisito se halla establecido en Constituciones como la de Bolivia (arts. 61, 64 y 68), Brasil (arts. 12 y 14), Chile (arts. 108 y 131), Colombia (arts. 172, 177, 191 y 204), Ecuador (art. 142), El Salvador (arts. 126, 151 y 153), Guatemala (arts. 162 y 185), Honduras (arts. 198 y 238), Paraguay (arts. 221, 223 y 228), Perú (arts. 90, 110 y 111), entre otros.

[34] Constitución Política de los Estados Unidos Mexicanos de 1917

Art. 82

Para ser Presidente se requiere:

I. Ser ciudadano mexicano por nacimiento, en pleno goce de sus derechos, hijo de padre o madre mexicanos y haber residido en el país al menos durante veinte años. (Reformada mediante Decreto publicado en el Diario Oficial de la Federación el 01 de julio de 1994).

Constitución de la república de El Salvador de 1983

Artículo 151.- Para ser elegido Presidente de la República se requiere: ser salvadoreño por nacimiento, hijo de padre o madresalvadoreño (…).

[35] Ejemplos de textos constitucionales que no hacen referencia a la edad para el sufragio activo o edad para la adquisición de la ciudadanía y de sus derechos políticos (como el sufragio activo) serían las Constituciones de Argentina, Chile, Colombia, Panamá, la República Dominicana y Uruguay. Textos constitucionales que sí fijan una edad para el ejercicio efectivo del derecho de voto serían las Constituciones de Bolivia (Art. 220), Cuba (Art. 132), Ecuador (Art. 27), Estados Unidos de Norteamérica (Enmienda XXVI -1971-Section 1), España (Arts. 12, 23), Paraguay (Art. 120), Venezuela (Art. 64).

diferentes ordenamientos constitucionales o legislación electoral específica obedecerá a criterios objetivos para el ejercicio subjetivo del derecho de sufragio.

Ahora bien, sobre la variación de la edad para determinados niveles de representación o ejercicio de cargos públicos, fundamentada en la dimensión objetiva de los derechos fundamentales, el constituyente o el legislador atendiendo a las características especiales del cargo fijarán la que estimen conveniente a manera de una exigencia necesaria para el desempeño funcional. Algunas discusiones probablemente se planteen respecto a la edad cuando la misma no se halle en el texto constitucional y sea determinada por la legislación ordinaria, pues la misma deberá traducirse en el más pleno respeto del principio de igualdad de condiciones y oportunidades a los cargos atendiendo a los principios limitadores del derecho, núcleo esencial, proporcionalidad, así como a las características de la función a desempeñar.

> La edad, en cuanto elemento determinante de la posibilidad efectiva de ejercicio de los derechos civiles y políticos de cada ciudadano, deviene en uno de los requisitos en base a los cuales el estado estructura ese concepto de ciudadanía y por ende, la condición de electores de sus habitantes. Asimilada a la capacidad del ciudadano para decidir de manera responsable y reflexiva su participación en la vida política de un estado, tanto en lo que hace al derecho de sufragio activo como pasivo (…).
>
> (…) la edad generalmente exigida por las constituciones y los ordenamientos legales pertinentes, varía según el tipo de sufragio del que se trate. Así, tratándose del sufragio activo, este requisito resulta menos riguroso, en sintonía con la consiguiente amplitud del concepto de electores y por ende de su participación. No en cambio, en lo referente al sufragio pasivo, en cuyo caso las restricciones son mayores, elevándose el promedio de la edad exigida conforme las razones tenidas en cuenta por el constituyente o por el legislador al momento de evaluar las condiciones que deben poseer los candidatos según el cargo para el cual se postulan y conforme las funciones a desempeñar (Pérez Corti, 2010, p. 165).

2.1.4. Domicilio electoral.

En general en el campo del derecho civil y constitucional, el domicilio es el derecho de las personas que tiene por finalidad determinar la ubicación de las mismas, para los efectos de ejercitar sus derechos o de cumplir obligaciones. El "domicilio electoral" será una condición necesaria para el derecho de sufragio, estará determinado por el ejercicio de la ciudadanía en determinados ámbitos o circunscripciones jurídicas administrativas electorales, y tendrá estrecha relación con el sistema electoral y los niveles de representación o gobierno. Cabe indicar que en su dimensión subjetiva el domicilio dependerá de la voluntad y libertad política de los ciudadanos, quienes pueden elegir el que vean por conveniente así como variarlo en cualquier momento. Desde una perspectiva objetiva, los poderes públicos podrán regular el requisito del domicilio, por ejemplo, a determinado alcance de la circunscripción electoral y/o al alcance de la elección a la que el ciudadano desee presentarse.

Para atender al requisito de domicilio, en el derecho electoral, habrá que remitirse a la norma particular en sí, y a su interpretación sistemática, pues en los diferentes ordenamientos se tendrá como requisitos al domicilio y a la residencia, lo cual puede generar confusiones. Para Pérez Corti (2010, p. 171) en el caso del derecho electoral, las normas relativas tanto al sufragio activo como pasivo, contienen la relación del lugar (territorio) como punto de vinculación para el nacimiento de derechos y obligaciones políticas, y para la producción de determinadas consecuencias jurídico-políticas; es decir aquellas normas que definen el domicilio electoral no se aplican por sí mismas, sino siempre y solamente cuando se trata de la interpretación de una norma singular remitidas hacia ellas.

2.1.5. Residencia electoral.

La residencia electoral se halla muy relacionada con el domicilio, pues para poder llevar adelante el ejercicio del derecho de sufragio, generalmente se pide una determinada cantidad de años de residencia (temporalidad), dependiendo ello de la circunscripción territorial y nivel de representación o de gobierno en el cual se desea ser elegido; constituyendo de esta forma, la residencia un requisito de elegibilidad permanente en los cargos de elección popular. En algunos ordenamientos se alude a una "residencia efectiva" para señalar que la vivencia en el domicilio es habitual, auténtica, real y verdadera.

En los diferentes ordenamientos, residencia[36] y domicilio serán entendidos como instituciones o derechos relacionados, con acepciones similares o diferentes, dependiendo de la redacción y del ámbito jurídico en el que nos hallemos. Ahora bien, es conveniente señalar que el concepto de residencia nace en el derecho civil[37] y

---

[36] En el diccionario de la RAE "residencia" será entendida en dos acepciones, como una acción y efecto de estar de asiento en un lugar, y como un lugar en que se reside. Correspondiendo estos términos al uso natural del término de residencia, que en el ámbito jurídico tendrá determinados conceptos atendiendo al campo en el que se halle legislado y al tipo de ordenamiento jurídico.

[37] Urra (2010, p. 9) cita las principales nociones de residencia en doctrina civil:

a. Josserand (1930): "lugar donde una persona permanece durante un tiempo".

es entendido generalmente como "lugar", no tanto como "acción", siendo su elemento objetivo el lugar en el que se reside y su elemento subjetivo la acción efectiva de residir. En el campo electoral, para que alguien se considere residente[38], a diferencia del domicilio no es necesaria la manifestación de la intención de permanencia, basta con que el ciudadano viva habitualmente en la circunscripción por la cual ejercerá su derecho al sufragio pasivo.

> En el ámbito jurídico, se ha sostenido que en la configuración de la residencia de una persona el elemento fáctico es el más importante, pues se toman en cuenta únicamente los hechos y su especificidad se refiere a la temporalidad. Lo sobresaliente de lo fáctico estriba en que en la configuración del domicilio (en tanto que atributo de la personalidad) confluyen dos elementos, uno objetivo (la residencia por un tiempo determinado en un lugar dado) y otro subjetivo (la intención de permanencia en dicho lugar). Para que alguien se considere residente no es necesaria la manifestación de la intención de permanencia, basta con vivir habitualmente en un determinado lugar. Así, la noción de residencia es meramente descriptiva de una situación de hecho. En este sentido, lo requerido por la norma constitucional no entraña sino la constatación de una situación de hecho: que alguien viva realmente en un determinado lugar por un tiempo determinado (González, 2012, p. 229).

Para González (2012) la residencia no se prueba sólo "con la existencia de domicilio, ya que también se deben acreditar el tiempo y la efectividad" de ésta (p. 229), lo cual se relaciona con "cuestiones y actividades cotidianas que demuestran el arraigo continuado y habitual de una persona" (p. 230). En resumen la residencia se

---

b. Salvat (1940): "lugar de la habitación real de la persona". La residencia crea una relación de hecho entre una persona y un lugar.

c. Planiol (1951): todo lugar donde la persona permanece de una manera un poco prolongada. La residencia tiene un sentido técnico cuando es separada de la noción de domicilio.

d. Dekkers (1954): lugar donde la persona habita. Esta permanencia supone una presencia continuada o prolongada, pero no unitaria, puesto que pueden tenerse varias residencias.

e. Ripert (1956): "lugar en donde una persona fija por un tiempo su habitación".

f. Marty y Raynaud (1967): lugar donde una persona se encuentra efectivamente durante un cierto tiempo prolongado. Es una realidad de hecho.

[38] En algunos ordenamientos se hará referencia a la "vecindad" como requisito de similar o igual contenido que el de "residencia". Ejemplo de ello sería el artículo 55 de la Constitución de los Estados Unidos Mexicanos.

Artículo 55. Para ser diputado se requieren los siguientes requisitos:

(…) Para poder figurar en las listas de las circunscripciones electorales plurinominales como candidato a diputado, se requiere ser originario de alguna de las entidades federativas que comprenda la circunscripción en la que se realice la elección, o vecino de ella con residencia efectiva de más de seis meses anteriores a la fecha en que la misma se celebre.

La vecindad no se pierde por ausencia en el desempeño de cargos públicos de elección popular.

relacionaría con el lugar y el tiempo efectivo que un ciudadano ha permanecido habitando en determinada circunscripción electoral (ámbito geográfico-electoral), por la cual desea postularse como candidato. El lapso es anterior a la elección y, por la normativa electoral, tendrá asignado un valor intrínseco para un alcance concreto, como sucede, por ejemplo, en las elecciones de ámbito local o municipal, parlamentarias o de alcance presidencial[39].

2.1.6. *Inscripción en censo electoral.*

La inscripción en el censo, registro o padrón electoral está muy relacionada con el domicilio y la residencia. Es un requisito más ligado al sufragio activo. En realidad, más que requisito general o previo a la candidatura, sería uno indirecto, un requisito de capacidad como se verá en el siguiente apartado. Una persona puede hallarse inscrita en el censo electoral y como consecuencia de ello tener acceso al sufragio activo y pasivo, o sólo al sufragio activo como sería el caso de los ciudadanos extranjeros, dependiendo de la legislación.

2.2. Requisitos de capacidad o habilitación.

En el derecho electoral se hablará de este requisito en sentido negativo y de forma equiparada su conceptualización e interpretación, es decir de incapacidades o inhabilitaciones para ejercitar los derechos políticos como el sufragio. Ahora bien, en sentido estricto, una incapacidad se presenta cuando un titular de un derecho no posee facultades de comprensión o habilidad para poder formar su voluntad, y que en el caso de los derechos políticos no podría recurrirse a figuras jurídicas como la representación, pues se tratarían de derechos personalísimos en su ejercicio. Por su lado, la inhabilitación sería la declaración de inhábil o incapaz de un ciudadano, por parte del ordenamiento jurídico, para poder ejercer sus derechos.

En general, estos supuestos de incapacidad o inhabilitación son creados o señalados por el ordenamiento, teniendo como característica su indisponibilidad, la persona no puede eludirla mediante un acto de voluntad como la renuncia a tal impedimento o la representación. Algunos de los supuestos de incapacidad o inhabilitación que pueden estar presentes en los ordenamientos son:

---

[39] Por ejemplo, en Latinoamérica algunas Constituciones que exigen determinados años de residencia para acceder a cargos públicos tenemos, en el caso de la(s) cámara(s) parlamentaria (s): La Constitución de Argentina, dos años de residencia en su distrito electoral (arts. 48 y 55); Chile, dos años de residencia (arts. 44 y 46); República Dominicana, cinco años (arts. 22 y 25 de la Constitución), entre otros.

- La no reunión de las condiciones para ser electores, y como consecuencia de ello su exclusión para ejercitar el derecho al sufragio pasivo.
- La relación de parentesco con representantes o autoridades actuales[40].
- La demencia, o en general la incapacidad civil judicialmente declarada.
- La condena judicial[41] que imponga la suspensión o privación de los derechos de ciudadanía, derechos políticos o específicamente del derecho de sufragio, mientras dure el tiempo de la condena[42].
- La inhabilitación para ejercer cargos públicos según disposiciones de las normativas internas de las organizaciones políticas.
- El ejercicio de funciones en las Fuerzas Armadas o Policía Nacional. Que en algunos casos pueden ser considerados como supuestos de "inelegibilidad o incompatibilidad" pues son salvados con mecanismos como la licencia o renuncia.
- Otras prescripciones legales y reglamentarias que inhabiliten a los ciudadanos para el ejercicio de los derechos políticos.

---

[40] Algunos ejemplos:

Constitución Política de Colombia

Artículo 179. No podrán ser congresistas:

5. Quienes tengan vínculos por matrimonio, o unión permanente, o de parentesco en tercer grado de consanguinidad, primero de afinidad, o único civil, con funcionarios que ejerzan autoridad civil o política.

6. Quienes estén vinculados entre sí por matrimonio, o unión permanente, o parentesco dentro del tercer grado de consanguinidad, segundo de afinidad, o primero civil, y se inscriban por el mismo partido, movimiento o grupo para elección de cargos, o de miembros de corporaciones públicas que deban realizarse en la misma fecha.

Constitución Nacional de Paraguay

Artículo 235

Son inhábiles para ser candidatos a Presidente de la República o Vicepresidente:

9. el cónyuge o los parientes dentro del cuarto grado de consanguinidad, o segundo de afinidad, de quien se encuentre en ejercicio de la presidencia al realizarse la elección, o la haya desempeñado por cualquier tiempo en el año anterior a la celebración de aquélla.

[41] Sentencia dada por una autoridad de naturaleza judicial como la justicia electoral, no una autoridad administrativa. Al respecto puede revisarse el Caso López Mendoza vs. Venezuela, sentencia de 1 de septiembre de 2011, Corte IDH.

[42] Que un ciudadano se halle en prisión por algún delito o proceso en curso no necesariamente lo priva de sus derechos políticos. Ello dependerá de las diversas legislaciones.

2.3. Requisitos de elegibilidad o compatibilidad.

En el derecho electoral, por lo general al igual que las incapacidades, se hablará de estos requisitos en sentido negativo, es decir de inelegibilidades e incompatibilidades. Si bien, desde una dimensión subjetiva, todos los ciudadanos debieran contar con amplia libertad para desempeñar un estatus político activo, no obstante ello las propias cartas fundamentales prevén expresamente supuestos de inelegibilidad.

> Se trata, por tanto, de que la propia Constitución declara y reconoce la inexistencia del derecho a ser elegido, o de otro modo, de precisar que es la Ley Fundamental quien niega directamente a ciertas categorías de sujetos o personas incursas en determinadas situaciones jurídicas un derecho al sufragio pasivo que de otra parte reconoce, ampara y protege de la manera más efectiva para el conjunto de los ciudadanos (García López, 2006, p. 10).

A diferencia de los supuestos de incapacidad, los supuestos de inelegibilidad o incompatibilidad pueden ser superados por renuncia al impedimento para poder presentarse en elecciones. Algunos ordenamientos jurídicos contienen previsiones normativas que en ocasiones consideran como supuestos de incapacidad a supuestos de inelegibilidad y viceversa[43]. Ahora bien, de otro lado, la diferencia sustancial entre los supuestos de inelegibilidad e incompatibilidad es que las primeras, las inelegibilidades, operan sobre la proclamación de candidatos y de electos, mientras que las incompatibilidades lo hacen sobre la permanencia o no en un cargo para el que ya se ha sido elegido. Las primeras impiden que uno sea elegido, las segundas obstaculizan la elección pero para el desempeño del cargo al que se fue elegido se optará por vías como la renuncia o licencia, inclusive puede solicitarse esta renuncia o licencia para presentarse a la elección. "Las inelegibilidades, en fin, pertenecen al derecho electoral, mientras que las incompatibilidades pertenecen al derecho parlamentario (Aragón, 2007, p. 193) .

En el campo del derecho electoral, el concepto de incompatibilidad se encuentra especialmente referido a los mandatos para cargos electivos y a las funciones públicas; con ellas se pretende evitar que el mandato representativo o de gobierno, de base electiva, "entre en colisión con intereses particulares propios o de terceros, como así también sectoriales o gremiales, en la resolución de los problemas que la función pública le deparará" (Pérez Corti, 2010, p. 183). Asimismo, de esta forma, se procura que el elegido otorgue una dedicación preferencial a la función pública.

---

[43] Por ejemplo la condición de eclesiástico unas veces es considerada causa de incapacidad, o la relación de parentesco con altos cargos públicos en algunas previsiones normativas es causa de inelegibilidad.

En resumen, los supuestos de inelegibilidad impiden el ejercicio del sufragio pasivo; mientras que los supuestos de incompatibilidad, son los que sobrevienen por transformación de las   inelegibilidades, pues impiden el acceso al cargo. Esta situación podría presentarse por ejemplo si después del proceso electoral se advierte que el candidato presentaba por su condición algún supuesto de inelegibilidad; ante ello, esta inelegibilidad pasaría a convertirse en una incompatibilidad. Aquellos, proclamados y elegidos, que se vean posteriormente al proceso electoral afectados por causas de inelegibilidad pasarían a incurrir entonces en una situación de incompatibilidad.

Los diferentes supuestos de inelegibilidad son señalados por los ordenamientos electorales o constitucionales. En algunos ordenamientos no permiten que uno pueda presentarse a elecciones, y en otros son salvados a través de mecanismos como la renuncia con antelación a la postulación. Algunos de estos supuestos serían:

- Los ministros de cultos religiosos, eclesiásticos, sacerdotes, etc.[44]
- Parlamentarios, altos cargos del Poder Ejecutivo, y, en general autoridades de la administración de niveles de gobierno o representación regional y local.
- Magistrados y demás funcionarios del Poder Judicial y Ministerio Público.
- Miembros de organismos autónomos.
- Miembros de órganos electorales.
- Titulares de cargos directivos de empresas públicas o de empresas concesionarias de servicios públicos, contratistas con el Estado o beneficiarias de subvenciones públicas.

Los diferentes supuestos de incompatibilidad son señalados en los ordenamientos constitucionales o electorales, dependiendo del país y su legislación, así como del nivel de gobierno o representación para el que se desea postular. Podemos hablar entonces de inelegibilidades constitucionales y legales. Estos supuestos de incompatibilidad suelen ser salvados con mecanismos como la licencia temporal o renuncia. Los supuestos de incompatibilidad que suelen presentarse en los

---

[44] Ejemplos de supuestos de inelegibilidad por posiciones eclesiásticas serían:

Constitución de la República Nacional de Argentina

Artículo 73.- Los eclesiásticos regulares no pueden ser miembros del Congreso (…).

Constitución Política de los Estados Unidos Mexicanos

Artículo 55. Para ser diputado se requieren los siguientes requisitos:

VI. No ser Ministro de algún culto religioso.

ordenamientos son básicamente los mismos supuestos de inelegibilidad, por las razones expuestas anteriormente, y son:

- El ejercicio de un cargo o empleo con sueldo del tesoro público, exceptuándose, por lo general a éste, la docencia. Generalmente en este caso, las legislaciones prevén la solicitud de licencias para el tiempo de la campaña o previos al proceso electoral, y también si se da el caso de ser electos.
- El ejercicio de otro cargo de carácter electivo. Ello según el tiempo del mandato o representación, y su alcance (local, regional, nacional) dependerá de cada legislación, así en algunos casos para presentarse a reelección se les pide la renuncia al cargo o licencia temporal.
- El ejercicio de funciones en las Fuerzas Armadas o Policía Nacional. Generalmente en este caso, las legislaciones prevén la solicitud de licencias para el tiempo de la campaña o previos al proceso electoral. En algunos ordenamientos estos supuestos serán considerados de incapacidad pues no podrán participar del sufragio pasivo.
- Los magistrados y otros funcionarios del Poder Judicial y Ministerio Público.
- Miembros de organismos autónomos.
- Miembros de órganos electorales.
- Titulares de cargos directivos de empresas públicas o de empresas concesionarias de servicios públicos, contratistas con el Estado o beneficiarias de subvenciones públicas.

2.4. Requisitos de sistema electoral.

2.4.1. Afiliación a partido político.

Aragón (2007) al conceptualizar el derecho de sufragio pasivo sostiene como un límite al mismo que los ordenamientos jurídicos reconozcan su ejercicio a través de los partidos políticos.

> (…) puesto que para ser elegido primero hay que ser proclamado candidato, tal definición resulta incompleta y, por lo mismo, engañosa, pues en principio podría darse (y de hecho se da) la circunstancia de ser perfectamente elegible

(por reunir los requisitos y no estar incurso en inelegibilidades) y, sin embargo, no poder usar del derecho por no reconocérsele al individuo (sino a los partidos, por ejemplo) la facultad de presentar candidaturas (Aragón, 2007, p. 185).

Para ser elegido, primero hay que ser proclamado candidato, y por ello el sufragio pasivo comprendería más allá del derecho individual a ser elegible, el derecho a presentarse como candidato en las elecciones para cargos públicos, derecho que será canalizado a través de los partidos políticos como intermediarios o articuladores. Esta situación evidencia el papel reservado a los partidos políticos en la configuración del actual sistema democrático, en el cual debiera darse una adaptación a las posibilidades de los ciudadanos de ser parte de la representación u órganos gubernamentales, y no quedar reducida a una democracia de los partidos políticos o lo que algunos denominaron un "Estado de partidos" (García Pelayo, 1984, p. 29; Kelsen, 1977, p. 37; Morodo & Lucas Murillo de la Cueva, 2001, p. 10).

En esta línea algunos ordenamientos exigen para el ejercicio del derecho de sufragio pasivo la afiliación partidaria[45]. En Latinoamérica, la mayoría de ordenamientos atribuyen a los partidos políticos el monopolio de la presentación de candidaturas de los ciudadanos, pero esto no necesariamente implica la afiliación partidaria.

2.4.2. Ejercicio de sufragio pasivo a través de partidos políticos.

Tradicionalmente el papel de los partidos, en democracia, ha estado circunscrito a garantizar la competición electoral (Criado, 2005, p. 7). Para Sánchez Muñoz (2010) los partidos son las organizaciones que hacen posible, en algunos ordenamientos de forma exclusiva y en otros de forma preferente, la participación política de los ciudadanos,

Los partidos son definidos como "instrumento fundamental para la participación política" (artículo 6, Constitución española de 1978). Se dice de ellos que "expresan el pluralismo político" y que "concurren a la formación y manifestación de la voluntad popular" (artículo 6, Constitución española de 1978) o, con palabras muy similares, que "participan en la formación de la voluntad política del pueblo" (artículo 21, Ley Fundamental de Bonn de 1949)

---

[45] Ejemplo de ello podríamos citar al artículo 14 de la Constitución de Brasil que establece expresamente como supuesto de elegibilidad.

Constitución Política de la República de Brasil

Artículo 14

(…) Son condiciones de elegibilidad, en la forma de la ley.

(…) la afiliación a un partido político.

o que "concurren a la expresión del sufragio" (artículo 4, Constitución francesa de 1958), o "a la determinación de la política nacional" (artículo 49, Constitución italiana de 1947), o a la "organización y expresión de la voluntad popular" (artículo 10, Constitución portuguesa de 1976) (Sánchez Muñoz, 2010, p. 1).

Como se ha mencionado en el punto anterior, en algunos ordenamientos se atribuyen a los partidos políticos el monopolio de la presentación de candidatos, sea que estos posean la cualidad de afiliados o no. Así por ejemplo: en Argentina se prevé que los partidos pueden incluir independientes en sus candidaturas (art. 60 del Decreto N° 2135, de 18 de agosto de 1983, Código Electoral Nacional); en países como El Salvador se establece que sólo los partidos son el instrumento para el ejercicio del sufragio pasivo (art. 85 de la Constitución); en algunos países, como Guatemala, los partidos políticos tienen el monopolio de las elecciones nacionales, pero en las de alcance menor se permite la presentación de candidaturas a través de "comités cívicos" (art. 38 del acuerdo N° 018-2007, de 23 enero de 2007, Ley Electoral y de Partidos Políticos).

En algunos ordenamientos constitucionales se hace referencia al sufragio pasivo a través de los partidos políticos u otras formas organizativas. Así en Bolivia se habla junto a los partidos políticos de "naciones y pueblos indígena originario campesinos" y "agrupaciones ciudadanas" (art. 209 de la Constitución). En Colombia se habla además de partidos políticos, de "movimientos sociales y grupos significativos de ciudadanos" (art. 168 de la Constitución).

En América Latina en particular, la regulación jurídica de los partidos es un tema de reciente aparición en el ámbito de los estudios jurídicos (Zovatto, 2008, p. 161). Como se vio en capítulos anteriores respecto a la naturaleza jurídica de los partidos, Zovatto (2008) señala que en Latinoamérica en varios países se consideran a los partidos como asociaciones de derecho público, siendo sólo algunos pocos países en los que son considerados como personas jurídicas de derecho privado —Brasil, Ecuador, Perú y Venezuela—; y en algunos países como Chile, Colombia, El Salvador, República Dominicana y Panamá se habla de que son asociaciones voluntarias dotadas de personalidad jurídica.

2.4.3. Partido legal.

Un aspecto relacionado con la legalidad de los partidos es la *causa antidemocrática* regulada en algunos ordenamientos, lo que provocará la suspensión de legalidad o declaración de ilegalidad a un partido político, y por ende la privación del sufragio pasivo a los ciudadanos militantes o no militantes.

> Los nazis en Alemania, los fascistas en Italia, los terroristas en España, los
> antinacionalistas en Israel, los fundamentalistas en Turquía, en fin, son casos en
> donde se priva sobre todo el derecho a conformar un partido por los fines y
> actividades antidemocráticas graves y reiteradas, lo cual genera la disolución de
> ese tipo de partidos ilegales que puede dar lugar a la suspensión de derechos
> políticos (Ríos, 2017, p. 120)

2.4.4. *Circunscripción electoral.*

La circunscripción electoral viene a ser el conjunto de electores a partir del cual se procede, según los votos, a la distribución de escaños. Generalmente se asocian con una base territorial o jurisdicción geográfica administrativa, pero también pueden presentarse circunscripciones para los extranjeros, o para minorías indígenas o étnicas, entre otros.

La circunscripción electoral, también denominada distrito electoral, está muy relacionada con los sistemas electorales de representación y mayoría, pues será un elemento a ser tomado en cuenta para la elección de los candidatos. Así, existe un consenso entre los especialistas electorales de que "el determinante crucial de la capacidad de un sistema electoral para convertir los votos en escaños de manera proporcional es la magnitud de los distritos, es decir, el número de miembros que se eligen en cada distrito electoral"(Reynolds, Reilly, & Ellis, 2006, p. 90), de esta forma en distritos grandes se podría asegurar que una mayor cantidad de partidos, más y menos votados, estén representados pues tendrán más posibilidades atendiendo a las reglas electorales.

2.4.5. *Sistema de representación proporcional y sistema mayoritario.*

Si bien en este apartado del estudio hemos agrupado como requisitos de sistema electoral a varias condiciones relacionadas con ello (partidos políticos, circunscripciones electorales), debemos indicar que cuando hablamos en sentido estricto de sistema electoral hacemos referencia a la traducción de los votos obtenidos en escaños o cargos de función pública. Los diferentes sistemas electorales pueden resumirse básicamente en tres: sistemas por mayoría —puede ser mayoría simple, doble ronda, voto en bloque, entre otros—, sistemas de representación proporcional y mixtos[46].

---

[46] Un interesante estudio sobre los diversos sistemas electorales que puede adoptar un país es el desarrollado por Reynolds, Reilly y Ellis (2006).

Con el sistema de representación proporcional se busca que las organizaciones políticas obtengan una correspondencia entre el número de escaños a recibir de acuerdo a los votos obtenidos por ésta. En cuanto al sistema por mayoría; por ejemplo si la elección es por mayoría simple en distrito uninominal o unipersonal, será elegido el que obtenga un mayor número de votos respecto al resto de candidatos. Cuando se trata de distritos pluripersonales o plurinominales, puede presentarse por ejemplo un sistema de mayoría por bloque, en el cual los escaños serán para los candidatos que obtengan las mayores votaciones.

Nohlen (1994) señala que las definiciones tradicionales del sistema proporcional y del de mayoría, —entendidos como la representación política que refleja lo más exactamente posible la distribución de los votos entre los partidos; y, cuando el candidato es elegido por haber alcanzado la mayoría (absoluta o relativa) de los votos— "son absolutamente correctas, pero no se corresponden" (p. 88). Por ello señala que estos dos sistemas se pueden definir según dos criterios: el principio de representación y la fórmula de decisión, esto es la fórmula que se utiliza para convertir los votos en escaños (Nohlen, 1994, p. 92).

2.4.6. Barrera electoral.

La finalidad de las llamadas barreras electorales establecidas en algunos sistemas electorales, es excluir del reparto de escaños a los partidos que no alcanzaran el mínimo de votos fijado por el ordenamiento electoral (Álvarez Conde & García Couso, 2001, p. 182). Se presentaría así una barrera mínima —también llamada valla electoral, representación mínima, cláusula de exclusión o umbral electoral— en la que los partidos que no obtuvieran un mínimo de votos necesarios no participarán en el reparto de escaños, evitando de esta manera la sobrefragmentación de la composición de una cámara legislativa, lo cual permitiría estabilidad en los gobiernos y representación.

En la jurisprudencia del Tribunal Constitucional Federal Alemán, sobre la barrera electoral, se ha expresado su validez como una garantía que tiende a corregir fragmentaciones excesivas, a partir de los resultados de los votos, en la representación política obtenida por el sistema de la proporcionalidad electoral (Bachoff, 1980; Nicolás, 1977). Álvarez y García (2001) señalan la relación de la barrera electoral con el sistema de proporcionalidad citando jurisprudencia del Tribunal Constitucional Español; así mencionan que no es necesario que se sigan "unos criterios estrictamente proporcionales", aceptando la introducción de correcciones o modulaciones al principio de proporcionalidad a la vista de las necesidades derivadas del principio de efectividad en la organización y actuación de los poderes públicos (STC 75/1985, de 21 de junio, TCE, FJ 5 y STC 193/1989, de 16 de noviembre, TCE, FJ 6); una proporcionalidad estricta es algo difícil de alcanzar en toda representación, y tanto más cuanto más reducido sea el número de representantes a elegir o el colegio a designar (STC 40/1981, de 18 de diciembre, TCE, FJ 3 y 36/1990, de 1 de marzo, TCE, FJ 2).

2.4.7. Mecanismos de acción o discriminación positiva electoral.

Abordar los mecanismos de discriminación positiva implica vincularlos con los principios o derechos humanos a la igualdad y no discriminación. Existen algunos términos de muy semejante contenido en la literatura: acción positiva, acción afirmativa, discriminación positiva, discriminación inversa, discriminación indirecta. El término acción positiva se utilizó por vez primera en la legislación antidiscriminatoria norteamericana de 1964, con ésta se hacía referencia a las acciones específicas a favor de las minorías[47].

> La discriminación inversa, al parecer, nació en la India, ya en los años 30, como una política aceptada por los colonizadores británicos para intentar superar la aguda división en castas de aquella sociedad. Su conocimiento y extensión actual, sin embargo, procede de su introducción en los Estados Unidos a partir de principios de los años 70. En Europa, su formulación más conocida es la de las cuotas en órganos de partidos políticos, que se aplican en los países nórdicos desde principios de los años 80 y en España desde 1988 (Ruiz, 1996, p. 125).

Para Ruiz (1996, p. 126) las acciones positivas serían en general medidas que tienen por finalidad el conseguir una mayor igualdad social sustantiva entre grupos sociales con problemas de discriminación o de desigualdad de oportunidades, es decir aquí podría hablarse, por ejemplo, de subvenciones para la contratación laboral de jóvenes o de mayores, las becas de enseñanza para familias de escasos recursos, campañas de publicidad para la igualdad sexual, mecanismos para la igualdad en el acceso a trabajos, entre otros. Para Añón (2001, pp. 50–59) existen algunas modalidades o tipos de acción positiva: medidas de concienciación, medidas de promoción de la igualdad, cuotas, medidas de trato preferencial.

Ahora bien, en el ámbito político electoral, las acciones positivas más conocidas son las cuotas electorales, y dentro de éstas la de mayor regulación y estudio son las

---

[47] En Europa el primer caso que cobra relevancia en relación a las acciones positivas fue la sentencia de 17 de octubre de 1995 del Tribunal de Justicia de la Unión Europea en el que interpretó la Directiva 76/207, artículo 2, en sus apartados 1 y 4 que disponían un régimen de cuotas establecido en favor de las mujeres.

cuotas de género, o leyes de paridad que promueven la inclusión, presencia y mayor participación de las mujeres en la política.

En Europa diversos estudios abordan la constitucionalidad de las cuotas electorales[48], refiriéndose principalmente a la cuota de género; así Aquino (2008) señala que cuando existen cuotas, se garantiza que la desigualdad no se producirá en un grado muy elevado para ninguno de los sexos.

> Por lo tanto, si, por un lado, en la actualidad la intención de la norma es la de "poner a las mujeres en condiciones de gozar plenamente del derecho de elección pasiva, removiendo los obstáculos que, de hecho, impiden a las mujeres gozar de ese derecho"; por otro lado, esa norma también constituye una hipotética garantía para los hombres, en el sentido de impedir que determinadas circunstancias sociales puedan ocasionar que ellos tengan menos oportunidades de acceso a los cargos públicos en comparación con las mujeres. Por eso, a largo plazo, las cuotas electorales son para ambos sexos una garantía de una representación equilibrada en los centros de poder o de toma de decisiones (Aquino, 2008, pp. 262–263)

Debe precisarse que las cuotas electorales no constituyen requisitos de elegibilidad o capacidad, y por lo tanto no afecta al derecho de sufragio pasivo individual, entendido como derecho de los ciudadanos, sino que es una condición del sistema político electoral que afectará a las organizaciones políticas, es decir instrumentos para la participación política, para el sufragio pasivo, que, como se ha mencionado a lo largo de este trabajo, no son titulares de éste derecho. Esta idea puede apreciarse reforzada en la sentencia 49/2003 de la Corte Constitucional Italiana y la sentencia 12/2008 del Tribunal Constitucional Español;

> 3.1.- En primer lugar, hay que señalar que las disposiciones controvertidas no suponen la pertenencia a uno u otro sexo como un requisito adicional para la elegibilidad, e incluso de *"candidabilità"* de los ciudadanos individuales. La obligación impuesta por la ley, y la consecuente penalización de la discapacidad, se refieren únicamente a las listas y las personas que las presentan.
> En segundo lugar, la medida prevista por la ley impugnada no se puede calificar como una de esas "medidas legislativas, deliberadamente desiguales" (Sentencia N° 49-2003, Corte Constitucional Italiana, de 10 de febrero de 2003, FJ 3).
>
> (…) es indudable que formalmente no hay una causa de inelegibilidad ni tampoco materialmente por el hecho de que se obligue a la agrupación a presentar candidaturas donde los ciudadanos que las compongan hayan de buscar el concurso de otras personas, atendiendo, además de a criterios de afinidad ideológica y política, al dato del sexo. (…)

---

[48] Pueden revisarse los trabajos de Rey Martínez (2013), Sevilla, Ventura y García (2007), Aquino (2008, 2011) y Lousada (2008). También puede consultarse sobre los países del mundo y sus cuotas electorales el portal de IDEA Internacional en http://www.quotaproject.org/system.cfm (consulta última el 2 de junio de 2017).

> A quien pretende ejercer el derecho de sufragio pasivo a través de una agrupación no sólo se le exige no estar incurso en las causas de inelegibilidad previstas en la Ley electoral, sino también cumplir con otras condiciones que no afectan a su capacidad electoral stricto sensu, como por ejemplo, y en primerísimo lugar, la de concurrir con otras personas formando una lista (…)
> Que a la exigencia de concurrir en una lista se añada la de que ésta tenga una composición equilibrada en razón del sexo no cercena de manera intolerable las posibilidades materiales de ejercicio del derecho (Sentencia 12/2008, de 29 de enero, TCE, FJ 7.)

En relación a las cuotas electorales podemos señalar que se darían cuotas voluntarias y cuotas obligatorias. Las cuotas voluntarias serían las dadas a nivel interno por iniciativa de las organizaciones políticas. Los primeros en aplicar este tipo de cuotas voluntarias fueron los partidos políticos de los países nórdicos[49] en la década de los 70s. De otro lado, también existen las cuotas obligatorias, es decir las exigidas por el ordenamiento, en tal sentido podría hablarse de cuotas constitucionales[50] o cuotas legales.

Las Cuotas Electorales, son una medida de discriminación positiva, que significan una reserva de escaños, plazas o porcentaje de éstas a determinados grupos. Las más comunes son la cuota de mujeres (establece un mínimo), cuota de género (no distingue sexo); y en países como Perú, la cuota de jóvenes y la cuota indígena. Dentro de una cuota determinada puede haber variaciones de porcentaje o escaños reservados; así por ejemplo en la cuota de género puede hablarse de las cuotas neutrales (establece un mínimo y un máximo en relación a un sexo), cuotas doble (porcentaje y puestos determinados).

Ahora bien mecanismos de acción positiva también son las que se han derivado de la evolución o superación de las cuotas electorales, como sucede con la cuota electoral más estudiada que es la de género, nos referimos a la paridad y la alternancia. Sobre la paridad[51] será Francia la que desarrolle esta acción positiva con la reforma de la Constitución a través de la Ley 99-569, de 8 de julio, que introduce al art. 3 un nuevo párrafo que señala que la "ley favorecerá la igualdad entre mujeres y hombres para acceder a los mandatos electorales y cargos electivos", y en su art. 4 en el que hace referencia al papel de los partidos políticos. Y más adelante, en el 2000,

---

[49] En Europa occidental; el Partido Liberal de Suecia fue el primero en adoptar una cuota voluntaria de género en 1972 para su organización interna.

[50] El primer país que estableció una cuota electoral fue Pakistán en 1954 a través de un mandato constitucional reservando a las mujeres un 3% de los escaños. En Europa occidental, Noruega en 1975 fue el primer país en adoptar una cuota electoral, específicamente una cuota de género. Sobre estos datos, puede consultarse el interesante trabajo de Roig (2009).

[51] En la Conferencia de Atenas en 1992 se reconoció la paridad como la integración por medio de la igualdad formal y real, de las mujeres, en las sociedades democráticas.

dará la Ley 2000-493, de 6 de junio, Ley sobre la Igualdad en el Acceso de Mujeres y Hombres a Cargos y Funciones Electivos, conocida como la Ley de la Paridad; por esta ley se obliga a los partidos políticos a presentar en sus listas 50% de cada sexo.

Finalmente, respecto a la alternancia de género, ésta hace referencia a que en la lista a presentarse se establezca alternadamente según el género de los candidatos, es decir iría más allá de la paridad, pues permitiría que ambos sexos tengan posibilidad real de ser parte de la mitad de las listas así como de las posiciones en las listas[52].

2.5. Otros requisitos (particulares no comunes en los ordenamientos).

2.5.1. Grado de instrucción.

En algunos países se hace referencia al grado educativo para poder acceder a cargos públicos de elección. Ello se da por ejemplo en Brasil (art. 14 de la Constitución) que al hablar de las condiciones de elegibilidad señala como supuesto el no ser analfabeto[53], o en Chile (arts. 44 y 46 de la Constitución) que exige haber cursado la Enseñanza Media o equivalente para ser elegido diputado o senador[54], entre otros países.

2.5.2. Medios económicos.

En algunos países se hace referencia a los medios económicos del que uno dispone para acceder a cargos públicos de elección popular. Este es un requisito no frecuente, al igual que el anterior, y lo podemos apreciar por ejemplo en la redacción del art. 55 de la Constitución de Argentina como requisito para postular al Senado[55].

---

[52] En América Latina, países que están debatiendo actualmente una legislación de alternancia de género son México (a nivel jurisprudencial), y Panamá y Perú (a nivel de propuestas legislativas).

[53] Constitución de la República Federativa de Brasil

Art. 14.

4o. Son inelegibles los no susceptible de alistamiento y los analfabetos.

[54] Constitución Política de la República de Chile.

Artículo 48. Para ser elegido diputado se requiere (…) haber cursado la Enseñanza Media o equivalente (…).

Artículo 50. Para ser elegido senador se requiere (…) haber cursado la Enseñanza Media o equivalente (…).

[55] Constitución de la Nación Argentina.

Artículo 55.- Son requisitos para ser elegido senador (…) disfrutar de una renta anual de dos mil pesos fuertes o de una entrada equivalente.

2.5.3. Condiciones morales.

En algunos países se hace referencia a aspectos morales para acceder a cargos públicos de elección popular. Este es un requisito no frecuente, al igual que el anterior, y lo podemos apreciar por ejemplo en la redacción de la Constitución de El Salvador y de México que hablan de "notoria honradez" —o "moralidad notoria"— y "modo honesto de vivir" respectivamente[56].

3. Comentarios Generales a las Condiciones del Sufragio Pasivo

Las limitaciones al ejercicio del derecho de sufragio pasivo pueden explicarse o justificarse desde sus funcionalidades, lo cual tiene relación con el principio de razonabilidad o proporcionalidad. Así, algunas condiciones o requisitos negativos como por ejemplo en los supuestos de incapacidad o inelegibilidad podrían sustentarse en la *privación del derecho para algunos en beneficio de la ciudadanía en su conjunto.* Se privaría del sufragio pasivo a las personas que por su posición o puesto podrían afectar al sistema político o a las instituciones públicas. Así por ejemplo en 1884 las leyes constitucionales francesas de la Tercera República introdujeron dos modificaciones, "proclamaron que la forma republicana de gobierno era irreformable y de manera simultánea añadieron también una declaración de inelegibilidad de los miembros de las familias ex reinantes"(García López, 2006, p. 13). Se apreciaría una voluntad constitucional de exclusión por inelegibilidad pasiva fundamentada en los valores recogidos a nivel constitucional. Algunos supuestos actuales recogidos en las cartas fundamentales hacen mención a los garantes de la imparcialidad de las elecciones como los magistrados de Tribunales Constitucionales, Jueces, Defensor del Pueblo u Organismos Electorales, que por su condición sacrificarían su derecho a ser elegidos para asegurar el sufragio activo de la ciudadanía en general así como a una imparcialidad de las elecciones.

Ahora bien, las cartas fundamentales podrían señalar expresamente que el desarrollo constitucional de condiciones negativas para el ejercicio del sufragio se dé a través de leyes de desarrollo. Así, la Constitución Española señala en su art. 71.1

---

[56] Constitución de la República de El Salvador

Artículo 126.- Para ser elegido Diputado se requiere (…) notoria honradez (…).

Artículo 151.- Para ser elegido Presidente de la República se requiere moralidad e instrucción notorias (…).

Constitución de los Estados Unidos Mexicanos

Artículo 34. Son ciudadanos de la República los varones y las mujeres que, teniendo la calidad de mexicanos, reúnan, además, los siguientes requisitos:

II. Tener un modo honesto de vivir.

que la ley electoral determinará las causas de inelegibilidad e incompatibilidad de los Diputados y Senadores, pero realiza una pequeña enumeración de los que ejercen actuales cargos que serían comprendidos entre estos sujetos inelegibles. El debate surgiría cuando la carta fundamental no señala mayores supuestos de inelegibilidad o restricciones al sufragio pasivo, y una ley orgánica prescribe supuestos no comprendidos en la Constitución ni sustentados como desarrollo constitucional de inelegibilidad o incapacidad.

Esta dimensión de garantía, de limitación —como sucede en los supuestos de incapacidad e inelegibilidad— que se desarrollan en las leyes orgánicas de desarrollo constitucional deberán respetar el contenido esencial del derecho al sufragio e interpretarlo de manera muy restrictiva conforme a criterios de proporcionalidad.

Finalmente, respecto a las condiciones de sistema electoral en general, y trayendo a comentario la nominación de los candidatos pues forma parte del proceso electoral, debemos señalar que debe asegurarse a todos los ciudadanos la posibilidad de presentarse en condiciones de igualdad evitando discriminaciones negativas. Por ello la legislación electoral debe contener provisiones claras y concretas sobre los requisitos para las candidaturas, justificando con criterios razonables las diferentes limitaciones, pues el fin primordial debe ser la promoción de las candidaturas y no su inhibición.

Capítulo 5
Asistencia Educativa Electoral.
Caso Peruano

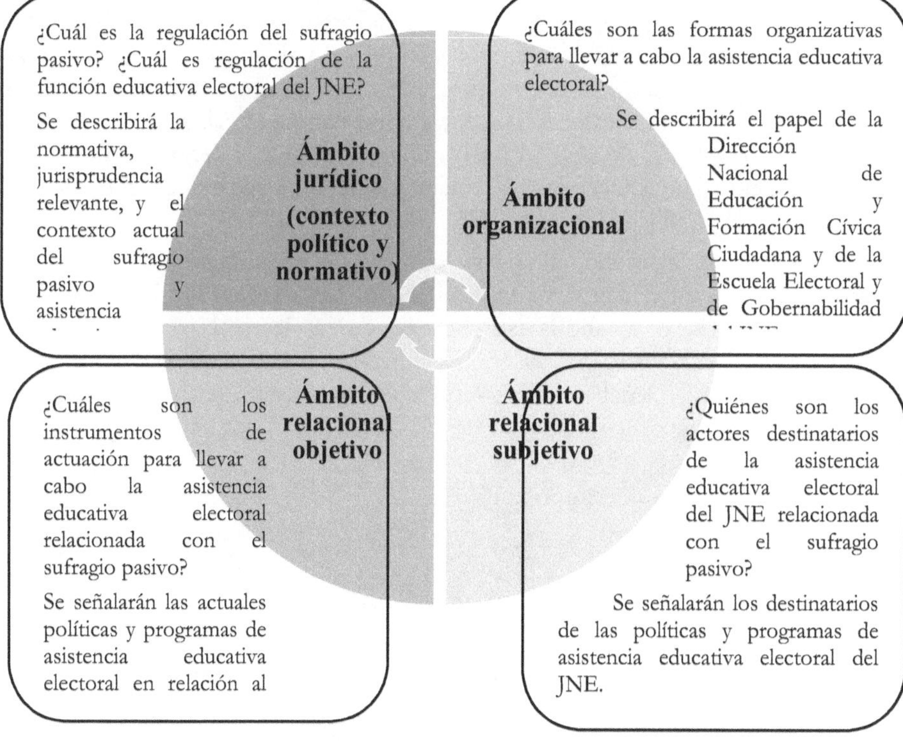

Figura 1. Ámbitos del enunciado del problema en el estudio del sufragio pasivo.
Fuente: Elaboración propia.

En el ámbito jurídico pretendemos responder a las interrogantes relacionadas con el contexto actual de la regulación del sufragio pasivo, así como la regulación de la asistencia educativa electoral como parte de la función educativa del JNE; para lo cual describiremos la normativa, jurisprudencia, así como el contexto fáctico-político del sufragio pasivo y la asistencia educativa electoral. Este primer ámbito nos permitirá abordar básicamente nuestro primer objetivo relacionado con la contextualización del sufragio pasivo en el contexto peruano, y dentro de ello la regulación de la función educativa asignada al máximo organismo de justicia electoral peruano.

Tanto el ámbito organizacional como el operativo nos permitirán el segundo objetivo del estudio: identificar las políticas de asistencia educativa electoral que desarrolla el Jurado Nacional de Elecciones en relación al derecho de sufragio pasivo. Así, en el ámbito organizacional se pretende responder a cuáles son las formas organizativas para llevar a cabo la asistencia educativa electoral; será en este ámbito en el que se comenzará, de forma más concreta, a abordar y describir el papel de la Dirección Nacional de Educación y Formación Cívica Ciudadana del JNE (DNEF) y de la Escuela Electoral y de Gobernabilidad del JNE (ESEG).

Y finalmente en lo referido al análisis operativo se identificará un primer ámbito operativo objetivo en el que se pretenderá responder a cuáles son los instrumentos de actuación para llevar a cabo la asistencia educativa electoral, para ello se señalará las actuales políticas y programas en relación al sufragio pasivo; y en el ámbito operativo subjetivo, se señalará quiénes son los actores destinatarios de estas políticas y programas de asistencia educativa electoral en relación al sufragio pasivo.

Tabla 1

Categorías de análisis de estudio

Categoría de análisis	Subcategoría de análisis
Ámbito de análisis de las políticas que desarrolla el JNE en relación al sufragio pasivo	Aspectos a analizar
Ámbito jurídico (político-normativo). Código: (A1).	• Contexto actual de la regulación del sufragio pasivo. Código: (C1). • Normativa electoral y regulación de los requisitos para el ejercicio del sufragio pasivo. Código: (C2). • Jurisprudencia relevante. Código: (C3). • Normativa que regula la asistencia educativa electoral. Código: (C4).
Ámbito organizacional. Código: (A2).	• Rol de la Dirección Nacional de Educación y Formación Cívica Ciudadana del JNE. Código: (C5). • Rol de la Escuela Electoral y de Gobernabilidad del JNE: (C6).
Ámbito operativo objetivo. Código: (A3).	• Políticas de asistencia educativa electoral en relación a sufragio pasivo. Código: (C7). • Valoración de las políticas de asistencia educativa electoral. Código: (C8).
Ámbito operativo subjetivo. Código: (A4).	• Actores destinatarios de las políticas de asistencia educativa electoral del JNE. Código: (C9).

Elaboración propia.

1. Ámbito Jurídico

1.1. Contexto actual de la regulación del sufragio pasivo.

La Constitución peruana establece en sus arts. 3 y 43[57] que el Estado peruano es un Estado social y democrático de Derecho[58], superando de este modo la concepción de un Estado liberal de Derecho. Hacer referencia al tránsito de uno a otro modelo no es sólo una cuestión de términos, sino que comporta el redimensionamiento del funcionamiento del Estado peruano[59] —sus valores, principios, contenido material de los derechos fundamentales—. Esta concepción lo veremos a lo largo del desarrollo de la regulación del sufragio pasivo, pues en una concepción de Estado social —tal como se mencionó en el marco referencial— los derechos fundamentales, y en este caso el derecho de sufragio, pasarían a ser fundamentados en una doble naturaleza, es decir desde una dimensión subjetiva y objetiva.

Ahora bien, el derecho al sufragio se halla reconocido en el num. 17 del art. 2 de la Constitución peruana —y también es desarrollado por los artículos 30 a 35— correspondiente al capítulo de los Derechos Fundamentales. Este precepto prescribe el derecho de todo ciudadano a la participación política, tanto en su dimensión activa —la facultad de elegir— como su dimensión pasiva —la facultad de ser elegido—; no obstante, "este derecho, como todo derecho fundamental, no es absoluto, sino que puede ser limitado en atención a otros derechos fundamentales o a bienes de

---

[57] Constitución Política del Perú

Artículo 3°.- La enumeración de los derechos establecidos en este capítulo no excluye los demás que la Constitución garantiza, ni otros de naturaleza análoga o que se fundan en la dignidad del hombre, o en los principios de soberanía del pueblo, del Estado democrático de derecho y de la forma republicana de gobierno.

Artículo 43°.- La República del Perú es democrática, social, independiente y soberana.

El Estado es uno e indivisible.

Su gobierno es unitario, representativo y descentralizado, y se organiza según el principio de la separación de poderes.

[58] En el caso peruano el concepto de "Estado Social y Democrático de Derecho", fue introducido por el Tribunal Constitucional Peruano en la sentencia del Exp. N.° 0008-2003-AI-TC, 11 de noviembre de 2003.

[59] En este mismo sentido se ha pronunciado el Tribunal Constitucional Peruano. Puede revisarse la Sentencia del Exp. N.° 0048-2004-PI/TC, de 1 de abril de 2005 (FJ 1 y 2), la sentencia del Exp. N.° 5854-2005-PA/TC, de 8 noviembre de 2005 (FJ 2).

relevancia constitucional" (JNE, 2016), pues como se vio en el marco referencial, los derechos fundamentales desde una dimensión objetiva no son bienes jurídicos de libre disposición sino que presentan límites en una comunidad democrática.

El Perú al 2016 contaba con una población de 22 901 954 electores. Según los reportes del JNE, en los últimos procesos electorales se estarían presentando un incremento de la presencia de mujeres electas en los cargos municipales y regionales pero estos aún no serían incrementos significativos, pese a presentarse la regulación de la cuota de género. La cuota de género regulada en el ordenamiento peruano como un mecanismo de discriminación positiva exige que al menos un 30% de las listas de candidatos a presentarse a unas elecciones sean del género opuesto al de la mayoría; así por ejemplo, en el caso de las elecciones congresales en el 2016 se apreció que de las listas inscritas el 61% eran varones y el 39% mujeres.

Tabla 2

Mujeres electas en los últimos procesos electorales regionales y municipales

Cargo	2006	2010	2014
Alcalde distrital	46	60	45
Alcalde provincial	4	9	6
Consejero regional	63	72	63
Presidente regional	-	-	1
Regidor distrital	2452	2435	2511
Regidor provincial	430	406	444
Vicepresidente regional	3	2	4
Total	2998	2984	3074

Fuente: Participación Política de la Mujer, Jóvenes e Indígenas en el Perú. Jurado Nacional de Elecciones (2016). Consultado el 1 de mayo de 2017 de la Web: www.aplicaciones007.jne.gob.pe/dnef/zonaescolar/index.html

En el Perú también, dentro de los mecanismos de discriminación positiva, se regula una cuota joven para que las listas de candidatos a presentarse en las elecciones de nivel local y regional incluyan a un 20% de jóvenes (comprendidos entre 18 a 29 años de edad). Según los reportes de la entidad electoral se aprecia que con la regulación de esta cuota se ha incrementado la participación política de los jóvenes en las candidaturas.

Tabla 3

Participación de jóvenes en listas a los cargos de consejeros y regidores (porcentajes del total de listas presentadas a elecciones)

Ámbito	Sin cuota joven	Con cuota joven sólo a nivel municipal	Con cuota joven a nivel municipal y regional	
	2002	**2006**	**2014**	
Concejos locales	14,8%	29,5%	31,1%	31,6%
Consejos regionales[60]	8,4%	15%	27,5%	29,3%

Fuente: Participación Política de la Mujer, Jóvenes e Indígenas en el Perú. Jurado Nacional de Elecciones (2016). Consultado el 1 de mayo de 2017 de la Web: www.aplicaciones007.jne.gob.pe/dnef/zonaescolar/index.html

Un tercer mecanismo de discriminación positiva regulada en el ordenamiento electoral peruano es la conocida comúnmente como cuota de comunidades indígenas. Por ésta se exige que en las listas de candidatos a los concejos municipales y regionales se presenten al menos un 15% de representantes de estas comunidades (comunidades campesinas, comunidades nativas y pueblos originarios). Según los reportes del organismo electoral se aprecia un significativo incremento de los representantes indígenas.

Tabla 4

Representantes indígenas electos en los últimos procesos electorales (valores absolutos a nivel nacional)

Cargo	2006	2010	2014
Consejeros Regionales	16	14	16
Regidores Municipales	21	34	115
Total	37	48	131

---

[60] En la legislación electoral peruana existe algunos problemas de redacción; para el ámbito regional se hablará de un "consejo regional" y para el ámbito municipal de un "concejo municipal".

Fuente: Participación Política de la Mujer, Jóvenes e Indígenas en el Perú. Jurado Nacional de Elecciones (2016). Consultado el 1 de mayo de 2017 de la Web: www.aplicaciones007.jne.gob.pe/dnef/zonaescolar/index.html

En el Perú una realidad latente según estudios llevados adelante por el JNE sobre el "Perfil del Elector Peruano"[61] es la percepción de los partidos políticos; se aprecia que los peor evaluados por la población son los partidos políticos, muy por debajo de las instituciones públicas. En las últimas elecciones generales del 2016 se presentaron 19 organizaciones políticas, de las cuales se retiraron 7 en pleno proceso electoral, y otras dos no fueron aceptadas como inscritas por el JNE. El motivo del retiro de las organizaciones políticas fue la publicación y vigencia de la Ley N° 30414, de 17 de enero de 2016, Ley que modifica la Ley 28094, Ley de Organizaciones Políticas. En estas modificaciones dadas en pleno proceso y campaña electoral se establecía en su art. 2 que modificaba el art. 13 de la LOP "la cancelación de la inscripción de un partido político" si al cumplirse un año de concluido el último proceso electoral no se hubiese alcanzado al menos seis representantes al Congreso en más de una circunscripción electoral o haber alcanzado al menos el cinco por ciento los votos válidos a nivel nacional, o en su caso por no participar en dos elecciones generales sucesivas, y de existir alianzas de partidos políticos dicho porcentaje se elevaba en uno por ciento por cada partido.

Esta polémica publicación normativa, en el proceso electoral del 2016, establecía en su art. 3 la incorporación del art. 42 a la LOP, que señalaba como conducta prohibida en la propaganda política que las organizaciones políticas, en el marco de un proceso electoral, estaban prohibidas de efectuar la entrega, promesa u ofrecimiento de dinero, regalos, dádivas u otros obsequios de naturaleza económica, de manera directa o a través de terceros, salvo aquellos que constituyan propaganda electoral, en cuyo caso "no deberán exceder del 0,5% de una UIT por cada bien entregado como propaganda electoral". Este 0,5% de una Unidad de Imposición Tributaria (UIT) equivaldría a aproximadamente 5 euros. Las sanciones a esta conducta se señalaban en la norma y son una multa y la exclusión del proceso electoral.

---

[61] Puede consultarse el estudio "Perfil de Elector Peruano 2016" en www.votoinformado.pe (consulta última el 15 de mayo de 2017)

Tabla 5

Elecciones Generales 2016: Organizaciones Políticas por Estado de Inscripción

Organización Política	Estado
Acción Popular	Inscrita
Alianza Popular	Inscrita
Democracia Directa	Inscrita
El Frente Amplio por Justicia, Vida y Libertad	Inscrita
Frente Esperanza	Inscrita
Fuerza Popular	Inscrita
Partido Político Orden	Inscrita
Perú Posible	Inscrita
Peruanos Por el Kambio	Inscrita
Progresando Perú	Inscrita
Alianza Electoral Solidaridad Nacional-UPP	Retirada
Partido Humanista Peruano	Retirada
Partido Nacionalista Peruano	Retirada
Perú Libertario	Retirada
Perú Nación	Retirada
Perú Patria Segura	Retirada
Siempre Unidos	Retirada
Alianza para el Progreso del Perú	No inscrita
Todos por el Perú	No inscrita

Fuente: Estadísticas de las Elecciones Generales 2016. Jurado Nacional de Elecciones (2016). Consultado el 16 de mayo de 2017 de la Web: www. portal.jne.gob.pe/informacionelectoral/estadisticaelectoral

El Perú en abril de 2016 —y el balotaje en junio del 2016— celebró sus últimas elecciones generales para la Presidencia y Vicepresidencias de la República, el Congreso de la República y la elección de representantes ante el Parlamento Andino. En este proceso electoral la máxima entidad de justicia electoral fue duramente cuestionada debido a la gran cantidad de listas de candidatos que eran declaradas inadmisibles o improcedentes, lo cual no era sino la manifestación de un hecho que viene presentándose en los últimos procesos electorales del Perú, tanto elecciones municipales, regionales, y de ámbito nacional[62].

Así pues, en el proceso electoral del 2016, las resoluciones dadas por el organismo electoral a través de los Jurados Electorales Especiales (primera instancia administrativa-electoral) evidenciaban que las listas presentadas por las organizaciones políticas habían infringido reglas de democracia interna[63]; problemas relacionados con la inscripción y modificaciones en sus asientos registrales[64]; consignación de datos falsos en las declaraciones juradas de hojas de vida de los candidatos[65]; así como violaciones a las disposiciones de propaganda electoral[66], principalmente[67].

Los casos de mayor repercusión, en este último proceso electoral peruano, fueron la exclusión de los candidatos presidenciales Julio Guzmán y Cesar Acuña[68], candidatos que según las encuestas de intención de voto se hallaban en segundo y tercer lugar, respectivamente, en febrero de 2016[69]. La inscripción de la fórmula

---

[62] Así, las principales causas de las resoluciones de inadmisibilidad e improcedencia de las listas de candidatos en las elecciones del 2014 estaban referidas a los vicios o problemas suscitados en el proceso de elección de candidatos por democracia interna en las organizaciones políticas y a falsedad en los datos registrados en las hojas de vida de postulación. Puede consultarse algunas notas periodísticas en www. gestion.pe/politica/declaran-inadmisibles-improcedentes-y-tachas-26500-solicitudes-candidatos-2103019, www.diariocorreo.pe/ciudad/el-detalle-de-por-que-5-listas-son-improcede-16972/, www.diariocorreo.pe/ ciudad/cuatro-listas-se-quedan-afuera-de-carrera-el-19146/, www.larepublica.pe/12-08-2014/jurado-electoral - ha-inscrito-hasta-ahora-a-170-listas.

[63] Infracciones a las reglas de democracia interna como: elección de candidatos por órganos electorales, directivos o partidarios sin observancia de lo prescrito por los Estatutos internos de la organización política, denuncias de cambio en el orden y/o posición de las listas de los candidatos al Congreso, formas de elección diferentes a las señaladas por los Estatutos o reglamentos electorales internos.

[64] Cambios en los asientos registrales como la variación de nombre, de símbolo, inscripción de nuevos órganos partidarios, entre otros.

[65] Datos falsos en la Declaración Jurada de Hoja de Vida detectados por la Dirección de Fiscalización y Procesos Electorales del JNE o por tacha presentada por un ciudadano.

[66] Como por ejemplo el realizar propaganda electoral a través de obsequios u ofrecimientos de naturaleza económica que excedan el 0.5% de la UIT peruana.

[67] Algunas notas periodísticas pueden consultarse en: www. elcomercio.pe/politica/ elecciones/ elecciones-2016-que-lecciones-deja-primera-vuelta-noticia-1891895, ww.elcomercio.pe/opinion/columnistas/ exclusion-acuna-y-guzman-alfredo-torres-noticia-1884256, www.elcomercio.pe/politica/elecciones/declaran-improcedentes-14-listas-principales-partidos-noticia-1880693.

[68] Algunas notas periodísticas pueden revisarse en www.internacional. elpais.com/internacional/2016/ 03/05/actualidad/1457137910_718664.html y en www.internacional.elpais.com/internacional/2016/03/06/ america/ 1457293412_500537.html

presidencial de Julio Guzmán fue declarada improcedente para participar en la contienda electoral por irregularidades administrativas en la modificación de la partida electrónica de su organización política, e irregularidades en el proceso de democracia interna[70]. En cuanto al candidato Cesar Acuña, fue excluido del proceso electoral por vulneraciones de la normativa relacionada con propaganda electoral[71].

Este contexto de exclusión de candidatos y listas desencadenó un proceso electoral muy criticado y que colocó en el debate temas importantes como la reforma electoral, la crisis de los partidos políticos, la promulgación y publicación de leyes electorales significativas en pleno proceso electoral, entre otros. Finalmente las elecciones llegaron a concluir con un balotaje muy ajustado. En la legislación electoral peruana para las elecciones presidenciales se aplica el requisito de la "mayoría absoluta", por lo que en el proceso de elecciones del 2016 el partido político Fuerza Popular se ubicó en el primer lugar con 6 115 073 votos (equivalente al 39.86% de los votos válidos), y en segundo lugar, el partido político Peruanos por el Kambio con 3 228 661 votos (equivalente al 21.05% de los votos válidos); esta situación provocó un balotaje, en el cual ganó el partido político Peruano Por el Kambio con el 50,12%, una diferencia ajustada de 41 057 votos respecto a Fuerza Popular de un total de 18 342 896 votos emitidos.

Asimismo en este proceso electoral del 2016, respecto a la elección para el Congreso de la República, de las organizaciones políticas que presentaron candidatos sólo 6 obtuvieron representación, lo cual implica que a las demás se les cancelará su inscripción como partido vigente. Ahora bien, debido a la valla electoral, el sistema proporcional y "cifra repartidora" en las circunscripciones electorales, el partido político que más representantes obtuvo fue Fuerza Popular (73 congresistas de un total de 130), el segundo partido fue El Frente Amplio por Justicia, Vida y Libertad (20 congresistas) y el tercero Peruanos Por el Kambio (18 congresistas).

Una vez expuesto un panorama general de los últimos procesos de elecciones peruanas y de la participación de las organizaciones políticas, algunos aspectos relacionados con la promoción del sufragio pasivo a través de cuotas electorales, algunos retos de la entidad electoral respecto a modificaciones normativas y a problemas recurrentes de calificación de listas de candidatos; pasamos a señalar en el siguiente apartado la normativa electoral referida a los requisitos para el ejercicio del sufragio pasivo, para lo cual recurriremos a los ítems que abordamos en el capítulo de este trabajo referido al sufragio pasivo y su dimensión objetiva.

---

[69] Puede consultarse notas periodísticas como www.larepublica.pe/politica/740526-confirman-julio-guzman-en-segundo-lugar-en-nueva-encuesta-de-cpi

[70] Considerandos 18 a 21, 30 a 31, 35 a 37 y 42 a 44 de la Resolución N.° 093-2016-JNE, de 15 de febrero de 2016 (Expediente N.° J-2016-00041 y J-2016-00069-acumulados).

[71] Considerandos 17 a 20 y 26 a 32 de la Resolución N.° 196-2016-JNE, de fecha 8 de marzo de 2016 (Expediente N.° J-2016-00265).

1.2. *Normativa electoral y regulación de los requisitos para el ejercicio del sufragio pasivo.*

Como se vio en el marco referencial, los derechos fundamentales desde una dimensión objetiva no son bienes jurídicos de libre disposición sino que presentan límites en una comunidad democrática. Como se ha mencionado, el derecho al sufragio se halla reconocido en la Constitución peruana —num. 17 del artículo 2, y arts. 30 a 35— correspondiente al capítulo de los Derechos Fundamentales. A continuación desarrollaremos los principales requisitos o condiciones exigidas por el ordenamiento electoral peruano para la posibilidad de ejercicio del derecho de sufragio pasivo por parte de la ciudadanía.

1.2.1. *Requisitos genéricos.*

Ciudadanía.

En la Constitución peruana se señala en el art. 30 que para el ejercicio de los derechos políticos son ciudadanos los peruanos mayores de 18 años, para lo cual se requerirá su inscripción electoral. La LOE en su art. 9 señala que son ciudadanos los mayores de 18 años, y que el voto es obligatorio hasta los 70 años, a partir de ahí éste es facultativo.

En el art. 8° de la LOE se establece el derecho de sufragio pasivo como el derecho a ser elegido. Por su parte el art. 10 de la LOE, en concordancia con el art. 33 de la Constitución peruana, señala las causales de suspensión del ejercicio de la ciudadanía: por resolución judicial de interdicción, por sentencia con pena privativa de la libertad, por sentencia con inhabilitación de los derechos políticos, y también se señala que no son elegibles los funcionarios públicos inhabilitados de conformidad con el art. 100 de la Constitución peruana, con lo cual se haría referencia a la suspensión de funcionarios por parte del Congreso de la República.

Para ejercer el derecho de sufragio pasivo, tanto para el caso de postulación a la Presidencia de la República —y vicepresidencias— como para representante ante el Congreso se requiere además de la ciudadanía nacional, el ser ciudadano peruano de nacimiento (arts. 110 y 90 de la Constitución peruana). En el caso de los gobiernos de nivel regional, conforme al art. 13 de la LER, para poder ejercer el derecho de sufragio pasivo se requiere ser ciudadano peruano (ciudadanía nacional), y en el caso de las circunscripciones electorales de frontera el ser peruano de nacimiento.

Ahora bien, respecto a los ciudadanos extranjeros y la posibilidad de presentar candidaturas, tenemos que el artículo 31 de la Constitución peruana hace mención al "derecho y deber de los vecinos" para participar en el gobierno municipal de su jurisdicción; es decir se presentaría la posibilidad por razones de *vecindad* para que los ciudadanos extranjeros puedan participar no sólo del sufragio activo en el ámbito municipal (local) sino también del sufragio pasivo. Esta prescripción constitucional es desarrollada por la LEM, que señala en su art. 7 que los extranjeros mayores de 18 años, *residentes* por más de dos años continuos previos a la elección, están facultados para elegir y ser elegidos, excepto en las municipalidades de frontera. Este artículo también señala que para ejercer el derecho al sufragio pasivo, el extranjero se identifica con su respectivo carné de extranjería y debe estar debidamente inscrito en el registro correspondiente. Este Registro Electoral de Extranjeros fue regulado a nivel reglamentario por el Jurado Nacional de Elecciones con la Resolución N° 1155-2006-JNE, de junio del 2006, Reglamento de Inscripción de Extranjeros Residentes en el Perú para las Elecciones Municipales, en el cual se señalaba que el Registro estaba a cargo de RENIEC[72].

Asimismo, respecto a esta posibilidad de ejercicio de sufragio pasivo en elecciones de ámbito municipal por parte de los extranjeros, se desprende del ordenamiento electoral peruano que este derecho no se halla condicionado a convenios de reciprocidad entre el Perú y el país de origen del ciudadano extranjero, por lo cual si éste reúne las demás condiciones generales y especiales podrá ejercer el derecho de ser elegido como representante en un concejo municipal o para ejercer el cargo —de gobierno— de alcalde.

Cualidad de elector.

Gozar del derecho de sufragio activo se convierte en una cualidad previa para poder ejercer el sufragio pasivo[73]. Esta es una condición genérica tanto para los ciudadanos nacionales como para los extranjeros —en el nivel municipal—, que en el caso de estos últimos deberán hallarse inscritos el Registro Electoral de Extranjeros Residentes del Perú del RENIEC, de quien obtienen un documento de acreditación electoral que les permite ser elegidos en el proceso electoral municipal convocado. Respecto a los extranjeros, sólo se les permite participar en el proceso electoral convocado, es decir para participar en posteriores procesos municipales se necesitará

---

[72] El RENIEC tiene a su cargo la organización y custodia del Registro Electoral de Extranjeros residentes en el Perú. Para ello lo ha regulado a través de la Resolución Secretarial N° 56-2013-SGEN/RENIEC, de 27 de agosto de 2013, Inscripción en el Registro Electoral de Extranjeros Residentes en el Perú.

[73] Así por ejemplo se señala que para ser elegido se requiere este requisito de "gozar del derecho de sufragio" en el art. 90 de la Constitución y literal c. del art. 112 de la LOE, para el Congreso; en el art. 110 de la Constitución y literal c. del art. 106 de la LOE, para la Presidencia de la República; en el art. 13 de la LER, para los cargos de autoridades regionales.

realizar una nueva inscripción; esta posibilidad de ejercicio de sufragio pasivo no se da para los ciudadanos extranjeros residentes en circunscripciones de frontera.

Edad.

La edad para ejercer el derecho de sufragio pasivo varía dependiendo del tipo de elección. Así, para postular a la Presidencia —y vicepresidencias— de la República se exige tener más de 35 años según el art. 110 de la Constitución peruana. En el caso de postular para representante de nivel congresal se exige ser mayor a 25 años conforme al art. 90 de la Constitución peruana. En el caso de nivel regional la edad exigida es ser mayor de edad (18 años) para el Concejo Regional, y para la Presidencia y vicepresidencia regional ser mayor de 25 años, ello conforme al num. 3 del art. 13 de la LER. En el nivel municipal se requiere, según el num. 1 del art. 6 de la LEM, ser ciudadano en ejercicio y tener documento de identidad, es decir ser mayor de 18 años.

Domicilio electoral

Entre los requisitos exigidos para postular a la Presidencia de la República no se hace referencia al domicilio —como espacio geográfico electoral— ni en la Constitución peruana ni en la LOE, aunque en esta última en el literal d. del art. 106°, referido a los requisitos, se exige el "estar inscrito en el Registro Nacional de Identificación y Estado Civil" con lo cual indirectamente se haría referencia a la posesión del Documento Nacional de Identidad (DNI) en el cual se consigna el domicilio, pero desde luego este domicilio consignado no necesariamente deberá hallarse en territorio nacional. Lo mismo sucede en el caso de los requisitos para los candidatos al Congreso de la República —art. 90 de la Constitución peruana y el literal d. del art. 112 de la LOE—.

En el caso de los candidatos al nivel regional se señala expresamente en el num. 2 del art. 13 de la LER, el "estar inscrito en el Registro Nacional de Identificación y Estado Civil (RENIEC) con domicilio en la circunscripción para la que postula". En el caso de los candidatos al nivel municipal —distrital o provincial— en el num. 2 del art. 6 de la LEM, se exige domiciliar en la provincia o el distrito donde se postule, cuando menos dos años continuos, y en el caso de domicilio múltiple se señala que rigen las disposiciones del artículo 35 del Código Civil peruano[74]. Ahora bien, se aprecia que en el ámbito municipal habría una estrecha relación, en la redacción, entre los requisitos de domicilio y residencia.

---

[74] Artículo 35 del Código Civil peruano

A la persona que vive alternativamente o tiene ocupaciones habituales en varios lugares se le considera domiciliada en cualquiera de ellos.

Residencia electoral

Al igual que en la regulación del requisito de *domicilio electoral* para los candidatos a la Presidencia y al Congreso de la República, en lo referido a la exigencia de residencia no se hace referencia expresa a ésta ni en el texto constitucional ni en la LOE.

Situación diferente se regula para el nivel regional, pues se exige en el numeral 2 del art. 13 de la LER, "acreditar residencia efectiva en la circunscripción en que se postula y en la fecha de postulación, con un mínimo de tres años". Para el nivel municipal, en el num. 2 del art. 6 de la LEM, como ya se mencionó al tratar el domicilio se exigiría una residencia de dos años continuos[75].

1.2.2. Requisitos de capacidad o habilitación.

Como se dijo en el marco referencial, en el derecho electoral se habla de este requisito en sentido negativo, es decir de incapacidades o inhabilitaciones para ejercitar los derechos políticos como el sufragio. En lo concerniente al ejercicio de sufragio pasivo para la Presidencia de la República —y de los candidatos a Vicepresidentes— los supuestos de incapacidad en la legislación electoral peruana son:

- El cónyuge y los parientes consanguíneos dentro del cuarto grado, y los afines dentro del segundo, del que ejerce la Presidencia o la ha ejercido en el año precedente a la elección (literal e. del art. 107 de la LOE).
- Los deudores de reparaciones civiles inscritos en el Registro de Deudores de Reparaciones Civiles (REDERECI) y los deudores inscritos en el Registro de Deudores Alimentarios Morosos (REDAM) (literal h. del art. 107 de la LOE).
- Suspensión del ejercicio de la ciudadanía por resolución judicial de interdicción (literal a. del art. 10 de la LOE; num. 1 del art. 33 de la Constitución peruana).
- Suspensión del ejercicio de la ciudadanía por sentencia con pena privativa de la libertad (literal b. del art. 10 de la LOE; num. 2 del art. 33 de la Constitución peruana).

---

[75] La interpretación de la relación entre domicilio y residencia ha sido fijada a nivel jurisprudencial en diversas Resoluciones del Jurado Nacional de Elecciones, como la Resolución 076-2002-JNE, Resolución 077-2002-JNE, Resolución N° 1510-2006-JNE, Resolución N° 1655-2006-JNE, Resolución N° 1959-2006-JNE, la Resolución 1531-2010-JNE, entre otros.

- Suspensión del ejercicio de la ciudadanía por sentencia con inhabilitación de los derechos políticos (literal c. del art. 10 de la LOE; num. 3 del art. 33 de la Constitución peruana).
- Inhabilitación de calidad de funcionario público por el Congreso de la República a través del juicio constitucional (literal d. del art. 10 de la LOE; art. 100 de la Constitución peruana).
- Postular a la reelección inmediata de la Presidencia de la República (art. 105 de la LOE; art. 112 de la Constitución).

En lo concerniente al ejercicio de sufragio pasivo para el Congreso de la República —y también Parlamento Andino— los supuestos de incapacidad en la legislación electoral peruana son:

- Los deudores de reparaciones civiles inscritos en el REDERECI y los deudores inscritos en el REDAM (último párrafo del art. 113 de la LOE).
- Quienes no se encuentren debidamente inscritos en el Registro Nacional de Identificación y Estado Civil (último párrafo del art. 113 de la LOE).
- Los trabajadores y funcionarios de los Poderes Públicos que hayan sido cesados o destituidos como consecuencia de inhabilitación dispuesta por sentencia en proceso penal (art. 114 de la LOE).
- Suspensión del ejercicio de la ciudadanía por resolución judicial de interdicción (literal a. del art. 10 de la LOE; num. 1 del art. 33 de la Constitución peruana).
- Suspensión del ejercicio de la ciudadanía por sentencia con pena privativa de la libertad (literal b. del art. 10 de la LOE; num. 2 del art. 33 de la Constitución peruana).
- Suspensión del ejercicio de la ciudadanía por sentencia con inhabilitación de los derechos políticos (literal c. del art. 10 de la LOE; numeral 3 del art. 33 de la Constitución peruana).
- Inhabilitación de calidad de funcionario público por el Congreso de la República a través del juicio constitucional (literal d. del art. 10 de la LOE; art. 100 de la Constitución).

En lo concerniente al ejercicio de sufragio pasivo para las elecciones de Gobiernos Regionales —Gobernador, Vicegobernador y Consejo Regional— los supuestos de incapacidad en la legislación electoral peruana son:

- No pueden ser candidatos en las elecciones de gobiernos regionales el presidente y los vicepresidentes de la República ni los congresistas de la República (num. 1 del art. 14 de la LER).

- Inhabilitación de calidad de funcionario público por el Congreso de la República a través del juicio constitucional (literal c. del num. 5 del art. 14 de la LER; art. 100 de la Constitución peruana).

- Suspensión del ejercicio de la ciudadanía por resolución judicial de interdicción (literal d. del num. 5 del art. 14 de la LER; num. 1 del art. 33 de la Constitución peruana).

- Suspensión del ejercicio de la ciudadanía por sentencia con pena privativa de la libertad (literal d. del num. 5 del art. 14 de la LER; num. 2 del art. 33 de la Constitución peruana).

- Suspensión del ejercicio de la ciudadanía por sentencia con inhabilitación de los derechos políticos (literal d. del num. 5 del art. 14 de la LER; numeral 3 del art. 33 de la Constitución).

- Los deudores de reparaciones civiles inscritos en el REDERECI y los deudores inscritos en el REDAM (literal e. del num. 5 del art. 14 de la LER).

- No encontrarse debidamente inscrito en el Registro Nacional de Identificación y Estado Civil (num. 2 del art. 13 de la LER).

- Postular a la reelección inmediata de Gobernador del Gobierno Regional (modificación dada en el 2015 por la Ley N° 30305, que a la fecha se halla en debate en el Congreso de la República para el retorno a la reelección).

En lo concerniente al ejercicio de sufragio pasivo para las elecciones de Gobiernos Municipales —Alcaldes provinciales o distritales y Concejo Municipal— los supuestos de incapacidad en la legislación electoral peruana son:

- No pueden ser candidatos en las elecciones de gobiernos municipales el Presidente, los Vicepresidentes y los Congresistas de la República (literal a. del num. 1 del art. 8 la LEM).

- Inhabilitación de calidad de funcionario público por el Congreso de la República a través del juicio constitucional (literal b. del num. 1 del art. 8 la LEM; art. 100 de la Constitución peruana).

- Los deudores de reparaciones civiles inscritos en el REDERECI y los deudores inscritos en el REDAM (literal f. del num. 1 del art. 8 de la LEM).

- Suspensión del ejercicio de la ciudadanía por resolución judicial de interdicción (num. 1 del art. 33 de la Constitución peruana).

- Suspensión del ejercicio de la ciudadanía por sentencia con pena privativa de la libertad (num. 2 del art. 33 de la Constitución peruana).

- Suspensión del ejercicio de la ciudadanía por sentencia con inhabilitación de los derechos políticos (num. 3 del art. 33 de la Constitución peruana).
- Postular a la reelección inmediata de Alcalde del Gobierno Municipal (modificación dada en el 2015 por la Ley N° 30305, que a la fecha se halla en debate en el Congreso de la República para el retorno a la reelección).

1.2.3. Requisitos de elegibilidad o compatibilidad.

En lo concerniente al ejercicio de sufragio pasivo para la Presidencia de la República —y vicepresidencias— los supuestos de inelegibilidad (impedimentos para postular) en la legislación electoral peruana son:

- Los ministros y viceministros de Estado, el Contralor General de la República y las autoridades regionales, si no han renunciado por lo menos seis meses antes de la elección (literal a. del art. 107 de la LOE).
- Los miembros del Tribunal Constitucional, del Consejo Nacional de la Magistratura, del Poder Judicial, del Ministerio Público, de los organismos integrantes del Sistema Electoral y el Defensor del Pueblo, si no han dejado el cargo seis meses antes de la elección (literal b. del art. 107 de la LOE).
- El Presidente del Banco Central de Reserva, el Superintendente de Banca y Seguros, el Superintendente de Administración Tributaria, el Superintendente Nacional de Aduanas y el Superintendente de Administradoras de Fondos Privados de Pensiones, si no han renunciado por lo menos seis meses antes de la elección (literal c. del art. 107 de la LOE).
- Los miembros de las Fuerzas Armadas y de la Policía Nacional que no han pasado a la situación de retiro por lo menos seis meses antes de la elección (literal d. del art. 107 de la LOE).
- El candidato a la Presidencia no puede integrar la lista de candidatos al Congreso de la República[76] (art. 108 de la LOE).

En lo concerniente al ejercicio de sufragio pasivo para el Congreso de la República —y Parlamento Andino— los supuestos de inelegibilidad en la legislación electoral peruana son:

---

[76] Los candidatos a las Vicepresidencias pueden, simultáneamente, integrar la lista de candidatos al Congreso de la República.

- Los ministros y viceministros de Estado, el Contralor General y las autoridades regionales, si no han renunciado seis meses antes de la elección (literal a. del art. 113 de la LOE).

- Los miembros del Tribunal Constitucional, del Consejo Nacional de la Magistratura, del Poder Judicial, del Ministerio Público, de los organismos integrantes del Sistema Electoral y el Defensor del Pueblo, si no han renunciado seis meses antes de la elección (literal b. del art. 113 de la LOE).

- El Presidente del Banco Central de Reserva, el Superintendente de Banca y Seguros, el Superintendente de Administración Tributaria, el Superintendente Nacional de Aduanas y el Superintendente de Administradoras de Fondos Privados de Pensiones; y, si no han renunciado seis meses antes de la elección (literal c. del art. 113 de la LOE).

- Los miembros de las Fuerzas Armadas y de la Policía Nacional que no han pasado a la situación de retiro seis meses antes de la elección (literal d. del art. 113 de la LOE).

- Los trabajadores y funcionarios de los Poderes Públicos y de los organismos y empresas del Estado, si no solicitan licencia sin goce de haber, la cual debe serles concedida sesenta días antes de la fecha de las elecciones (art. 114 de la LOE).

- El candidato para el Congreso de la República que integra una lista inscrita no puede figurar en otra (segundo párrafo del art. 115 de la LOE).

En lo concerniente al ejercicio de sufragio pasivo para el Gobierno Regional —Gobernador, Vicegobernador y Consejeros— los supuestos de inelegibilidad en la legislación electoral peruana son:

- Los alcaldes que deseen postular al cargo de Gobernador Regional, si no renuncian de manera irrevocable ciento ochenta días antes de la fecha de elecciones (num. 2 del art. 14 de la LER).

- Los ministros y viceministros de Estado, si no renuncian de manera irrevocable ciento ochenta días antes de la fecha de elecciones (literal a. del num. 3 del art. 14 de la LER).

- Los magistrados del Poder Judicial, del Ministerio Público y del Tribunal Constitucional, si no renuncian de manera irrevocable ciento ochenta días antes de la fecha de elecciones (literal b. del num. 3 del art. 14 de la LER).

- El Contralor General de la República, si no renuncia de manera irrevocable ciento ochenta días antes de la fecha de elecciones (literal c. del num. 3 del art. 14 de la LER).

- Los Miembros del Consejo Nacional de la Magistratura, si no renuncian de manera irrevocable ciento ochenta días antes de la fecha de elecciones (literal d. del num. 3 del art. 14 de la LER).

- Los miembros del Jurado Nacional de Elecciones, el jefe de la Oficina Nacional de Procesos Electorales y el jefe del Registro Nacional de Identificación y Estado Civil, si no renuncian de manera irrevocable ciento ochenta días antes de la fecha de elecciones (literal e. del num. 3 del art. 14 de la LER).

- El Defensor del Pueblo y el Presidente del Banco Central de Reserva, si no renuncian de manera irrevocable ciento ochenta días antes de la fecha de elecciones (literal f. del num. 3 del art. 14 de la LER).

- El Superintendente de Banca, Seguros y Administradoras Privadas de Fondos de Pensiones, si no renuncian de manera irrevocable ciento ochenta días antes de la fecha de elecciones (literal g. del num. 3 del art. 14 de la LER).

- El Superintendente de la Superintendencia Nacional de Aduanas y de Administración Tributaria, si no renuncia de manera irrevocable ciento ochenta días antes de la fecha de elecciones (literal h. del num. 3 del art. 14 de la LER).

- Los titulares y miembros directivos de los organismos públicos y directores de las empresas del Estado, si no renuncian de manera irrevocable ciento ochenta días antes de la fecha de elecciones (literal i. del num. 3 del art. 14 de la LER).

- Los gobernadores y vicegobernadores regionales que deseen postular a cualquier cargo de elección regional, si no solicitan licencia sin goce de haber ciento veinte días antes de la fecha de elecciones (literal a. del num. 4 del art. 14 de la LER, vigente hasta el 2015, y que a la fecha se halla en debate en el Congreso peruano para el retorno a la posibilidad de reelección).

- Los alcaldes que deseen postular al cargo de vicegobernador o consejero regional, si no solicitan licencia sin goce de haber ciento veinte días antes de la fecha de elecciones (literal b. del num. 4 del art. 14 de la LER).

- Los regidores municipales que deseen postular al cargo de gobernador, vicegobernador o consejero regional, si no solicitan licencia sin goce de haber ciento veinte días antes de la fecha de elecciones (literal c. del num. 4 del art. 14 de la LER).

- Los gerentes regionales, directores regionales sectoriales y los gerentes generales municipales, si no solicitan licencia sin goce de haber ciento veinte días antes de la fecha de elecciones (literal d. del num. 4 del art. 14 de la LER).

- Los prefectos y tenientes gobernadores, si no solicitan licencia sin goce de haber ciento veinte días antes de la fecha de elecciones (literal e. del num. 4 del art. 14 de la LER).

- Los miembros de las Fuerzas Armadas y de la Policía Nacional de Perú si no han pasado a situación de retiro (literal a. del num. 5 del art. 14 de la LER).

- Los funcionarios públicos que administran o manejan fondos del Estado y los funcionarios de empresas del Estado si no solicitan licencia sin goce de haber treinta días naturales antes de la elección (literal b. del num. 5 del art. 14 de la LER).

En lo concerniente al ejercicio de sufragio pasivo para el Gobierno Municipal —Alcalde y Regidores— los supuestos de inelegibilidad en la legislación electoral peruana son:

- Los miembros de las Fuerzas Armadas y de la Policía Nacional del Perú, si no han pasado al retiro (literal d. del num. 1 del art. 8 de la LEM).

- Los trabajadores y funcionarios de los Poderes Públicos, así como de los organismos y empresas del Estado y de las Municipalidades, si no solicitan licencia sin goce de haber treinta días naturales antes de la elección (literal e. del num. 1 del art. 8 de la LEM).

- Los Ministros y Viceministros de Estado, el Contralor de la República, el Defensor del Pueblo y Prefectos, si no han renunciado sesenta días antes de la fecha de la elección (literal a. del num. 2 del art. 8 de LEM).

- Los miembros del Poder Judicial, Ministerio Público, Tribunal Constitucional, Consejo Nacional de la Magistratura y de los organismos electorales, si no han renunciado sesenta días antes de la fecha de la elección (literal b. del num. 2 del art. 8 de la LEM).

- Los Gobernadores Regionales y Directores Regionales sectoriales, si no han renunciado sesenta días antes de la fecha de la elección (literal c. del num. 2 del art. 8 de la LEM).

- Los Jefes de los Organismos Públicos Descentralizados y los Directores de las empresas del Estado, si no han renunciado sesenta días antes de la fecha de la elección (literal d. del num. 2 del art. 8 de la LEM).

- Los miembros de Comisiones Ad Hoc o especiales de alto nivel nombrados por el Poder Ejecutivo, si no han renunciado sesenta días antes de la fecha de la elección (literal e. del num. 2 del art. 8 de la LEM).

1.2.4. Requisitos de sistema electoral.

Ejercicio de sufragio pasivo a través de partidos políticos.

La Constitución peruana en su art. 35 señala que los ciudadanos pueden ejercer sus derechos políticos individualmente o a través de organizaciones políticas como partidos, movimientos o alianzas[77]. En el caso del sufragio pasivo, en la legislación peruana, esta se da a través de los partidos políticos —denominación dada a las organizaciones de alcance nacional— y organizaciones políticas de alcance regional y local. Según el citado art. 35, tales organizaciones concurren a la formación y manifestación de la voluntad popular. Su inscripción en el Registro de Organizaciones Políticas (ROP) les concede personalidad jurídica. Este ROP se halla a cargo del JNE.

La LOP, en su art. 1 señala que los *partidos políticos* son asociaciones de ciudadanos que constituyen personas jurídicas de derecho privado cuyo objeto es participar por medios lícitos, democráticamente, en los asuntos públicos del país. Ahora bien esta Ley, en su art. 17, también señala que la denominación *movimientos* está reservada a las organizaciones políticas de alcance regional o departamental y *organizaciones políticas locales* a las de alcance provincial o distrital.

Para poder ejercer el derecho de sufragio pasivo para la Presidencia y Vicepresidencia de la República, así como para ser congresista de la República, se requiere ser presentado por un partido político o alianza política[78], así lo prescribe el art. 87 de la LOE[79]. En el caso de la Presidencia de la República cada Partido Político, agrupación independiente[80] o Alianza sólo puede inscribir una fórmula de

---

[77] Similar redacción prescribe el art. 12 de la LOE.

[78] Ley de Organizaciones Políticas.

Artículo 15: Los partidos pueden hacer alianzas con otros partidos debidamente inscritos, con fines electorales y bajo una denominación común, para poder participar en cualquier tipo de elección popular (…).

[79] Ley Orgánica de Elecciones.

Artículo 87.- Los partidos políticos y las alianzas que para el efecto se constituyan pueden presentar fórmulas de candidatos a Presidente y Vicepresidentes, y listas de candidatos a congresistas en caso de Elecciones Generales, siempre que estén inscritos o tengan inscripción vigente en el Jurado Nacional de Elecciones. Se considera vigente la inscripción de los partidos políticos y alianzas de partidos que hayan obtenido representación parlamentaria en el último proceso de Elecciones Generales. (…).

[80] El término Agrupación Independiente será mencionado en la Ley Orgánica de Elecciones

candidatos a la Presidencia y Vicepresidencias de la República, hasta noventa días naturales antes de la fecha de las elecciones (art. 109 de la LOE), y para el caso de los candidatos al Congreso hasta sesenta días naturales antes de la fecha de las elecciones (art. 115 de la LOE).

En el caso de los gobiernos regionales, para poder ejercer el derecho de sufragio pasivo, son los partidos políticos, movimientos regionales y alianzas entre estos los que pueden presentar la fórmula de candidatos para el Gobierno Regional, así como el Consejo Regional hasta noventa días naturales antes de la fecha de las elecciones (art. 12 de la LER).

El ejercicio del sufragio pasivo en el ámbito municipal se da a través de los partidos políticos, movimientos regionales y alianzas entre éstos (art. 9 de la LEM) hasta noventa días naturales antes de la fecha de las elecciones (art. 10 de la LEM). Para el ámbito municipal también se puede participar en las elecciones a través de organizaciones políticas locales. Para ello, estas organizaciones que deseen presentar candidatos requieren una relación de adherentes no menor del cinco por ciento de los ciudadanos que sufragaron en las últimas elecciones nacionales en su circunscripción.

Un tema que no puede dejarse escapar, es que si bien es cierto sólo las organizaciones políticas pueden presentar candidatos para las elecciones, en ninguna parte de la redacción de los respectivos artículos normativos se alude a la condición de afiliado para poder ser candidato sino sólo a la democracia interna en las organizaciones políticas. Así, el art. 19 de la LOP señala que la elección de autoridades y candidatos de los partidos políticos y movimientos de alcance regional o departamental debe regirse por las normas de democracia interna establecidas tanto por la Ley, y el estatuto y reglamento electoral de la agrupación política. En el art. 24 de la referida norma, se señala que al menos tres cuartas partes del total de candidatos a representantes al Congreso, al Parlamento Andino, a consejeros regionales o regidores, deben ser elegidos por elecciones de democracia interna que puede ser de afiliados, no afiliados y delegados; y una cuarta parte del número total de candidatos puede ser designada directamente por el órgano del partido que disponga su Estatuto.

Partido legal

El ordenamiento electoral peruano hace referencia en relación a la presentación de candidaturas a organizaciones políticas con *inscripción vigente* en el JNE, pero no refiere la legalidad de los partidos como un requisito expreso para la inscripción de

---

en varias ocasiones pero no será desarrollado en ningún artículo. En la Ley de Organizaciones Políticas no se hace mención alguna al término y desarrollo de su concepto.

las candidaturas. Ahora bien, el requisito de legalidad puede inferirse del tratamiento de las organizaciones políticas en relación a su funcionamiento democrático y la declaración de ilegalidad por conducta antidemocrática. Así, la Constitución peruana en su art. 35 hace alusión al funcionamiento democrático de los partidos políticos. Siguiendo esta línea, la LOP en el literal a. de su art. 2° señala que uno de los fines de los partidos políticos es asegurar la vigencia y defensa del sistema democrático.

La LOP en el art. 14 desarrolla los supuestos de declaración de ilegalidad por conducta antidemocrática de una organización política. Siendo una de las consecuencias de la sentencia que declara la ilegalidad de un partido su cancelación en el Registro de Organizaciones Políticas[81].

Circunscripción electoral

Las circunscripciones electorales conforme al art. 13 de la LOE se efectúan sobre la base de las circunscripciones territoriales[82].

En el caso de las Elecciones para Presidente y Vicepresidentes de la República se habla de un Distrito Electoral Único, pero en el caso del sufragio pasivo para el Congreso, conforme al art. 21 de la LOE, se hablará de un sistema del Distrito Electoral Múltiple, es decir se tienen varias circunscripciones electorales que para

---

[81] Ley de Organizaciones Políticas.

Artículo 14: La Corte Suprema de Justicia de la República, a pedido del Fiscal de la Nación o del Defensor del Pueblo, y garantizando el derecho a la pluralidad de instancia, podrá declarar la ilegalidad de una organización política cuando considere que sus actividades son contrarias a los principios democráticos y se encuentran dentro de los supuestos siguientes:

14.1 Vulnerar sistemáticamente las libertades y los derechos fundamentales, promoviendo, justificando o exculpando los atentados contra la vida o la integridad de las personas o la exclusión o persecución de personas por cualquier razón, o legitimando la violencia como método para la consecución de objetivos políticos.

14.2 Complementar y apoyar políticamente la acción de organizaciones que para la consecución de fines políticos, practiquen el terrorismo o que con su prédica contribuyan a multiplicar los efectos de la violencia, el miedo y la intimidación que el terrorismo genera.

14.3 Apoyar la acción de organizaciones que practican el terrorismo y/o el narcotráfico.

La sentencia firme que declara la ilegalidad de un partido político tendrá los siguientes efectos:

a) Cancelación de su inscripción en el Registro de Organizaciones Políticas y en cualquier otro registro.

b) Cierre de sus locales partidarios.

c) Imposibilidad de su reinscripción.

La sentencia firme que declara la ilegalidad de un partido político será puesta en conocimiento del Ministerio Público para la adopción de las acciones pertinentes.

[82] De las demarcaciones territoriales (político-administrativo) señaladas en la Ley N° 27795, de 23 de julio de 2002, Ley de Demarcación y Organización Territorial, y en el Decreto Supremo N° 019-2003-PCM, de 24 de febrero de 2003 Reglamento de la Ley de Demarcación y Organización Territorial, para fines electorales se recurrirán a los distritos, provincias y regiones, así como zonas de frontera; y en el ámbito de elecciones presidenciales al país como distrito electoral único.

este caso coinciden con las demarcaciones regionales, y uno puede ser candidato por cualquiera de ellas. Tanto en las elecciones para la Presidencia, Vicepresidencias y Congreso de la República, sólo los partidos políticos —y alianzas entre ellos— podrán presentar candidatos.

Respecto a las elecciones regionales éstas se dan a nivel de circunscripción regional, y pueden presentar listas para este tipo de circunscripción tanto partidos políticos como movimientos regionales —y alianzas entre éstos—. Según el art. 12 de la LER el candidato que integre una lista inscrita no puede figurar en otra lista de la misma u otra circunscripción y tampoco puede postular a más de un cargo. Asimismo deberá acreditar, para el ámbito regional, residencia efectiva en la circunscripción por la que postula, y en las circunscripciones de frontera deberá ser peruano de nacimiento (art. 13 de la LER). Para el caso del Gobernador y Vicegobernador Regional la circunscripción en la que acredita la residencia es la región como territorio; y para los Consejeros Regionales, la provincia por la cual postulan.

En el ámbito municipal, para la elección de los Concejos Municipales Provinciales cada provincia constituye un distrito electoral; y para la elección de los Concejos Municipales Distritales cada distrito constituye un distrito electoral (art. 2 de la LEM).

Barrera electoral

Respecto a la barrera electoral, en el 2005 se aprobó la Ley N° 28617, de 29 de octubre de 2005, Ley que establece la Barrera Electoral, que modificaba los artículos 20 y 87 de la LOE y el art. 13 de la LOP. Según estas modificaciones, en el caso de las elecciones para Congresistas, para acceder al procedimiento de distribución de escaños se requiere que el partido político haya alcanzado al menos seis representantes al Congreso en más de una circunscripción electoral, es decir cinco por ciento del número legal de sus miembros (5% de 130 congresistas) o haber alcanzado al menos el cinco por ciento de los votos válidos a nivel nacional (art. 20 de la LOE). Luego de la elección, al cumplirse un año, las organizaciones políticas (Partidos Políticos y alianzas) que no hayan obtenido representación (art. 87 de la LOE), al menos seis representantes al Congreso en más de una circunscripción electoral o haber alcanzado al menos el cinco por ciento de los votos válidos a nivel nacional será cancelada su inscripción del Registro de Organizaciones Políticas (literal a. del art. 13 de la LOP)[83], igual situación ocurre con los movimientos

---

[83] También se cancela la inscripción por no participar en dos elecciones generales sucesivas. De existir alianzas entre partidos o entre movimientos, dicho porcentaje se eleva en uno por ciento por cada partido o movimiento adicional. Asimismo, se cancela la inscripción de un movimiento regional

regionales que no hayan superado la valla electoral del 5% en las elecciones de su circunscripción.

Sistema electoral de representación proporcional

En el sistema de representación proporcional se aplica, en el sistema electoral peruano, una variante del método D'Hondt denominado *cifra repartidora*[84]. En general, se utiliza un proceso de adjudicación de escaños, comenzando por los partidos políticos que hayan superado la valla electoral legal (5% o al menos 6 congresistas en más de una circunscripción electoral), luego se aplica la fórmula de la cifra repartidora y finalmente la aplicación del voto preferencial para la determinación final de los candidatos elegidos.

> Este método matemático busca prorratear de la mejor manera los escaños en el sistema proporcional. Consiste en tomar todos los resultados electorales en una determinada circunscripción, porque el reparto es por circunscripción, y se van dividiendo entre una serie de divisores, entre uno, entre dos, entre tres, etc. Y los cocientes resultantes se usan para asignar escaños. En el caso de la cifra repartidora se emplea como constante el último cociente que permite adjudicación de escaños (Medina, 2012, pp. 82–83).

El método de aplicación de la cifra repartidora se halla regulado en los arts. 29 a 32 de la LOE, su aplicación se da para la elección de los representantes al Congreso de la República[85].

Ahora bien, el método de la cifra repartidora se aplica también en el ámbito del consejo regional y concejo municipal. Así, en el nivel municipal el numeral 2 del art. 25 de la LEM, señala respecto a la elección de los regidores del concejo municipal que a la lista ganadora se le asigna la cifra repartidora o la mitad más uno de los cargos de Regidores del Concejo Municipal, lo que más le favorezca, según el orden de candidatos propuestos por las agrupaciones políticas. Y en el caso de las demás

---

cuando no participa en dos elecciones regionales sucesivas, y por no haber superado el 5% de los votos en la última elección (art. 13 de la Ley N° 28094, Ley de Organizaciones Políticas).

[84] Resolución Jefatural N° 376-2015-J/ONPE, de 28 de diciembre de 2015, Procedimiento para la Asignación de Escaños en las Elecciones Congresales y de Parlamento Andino.
Artículo 9: El cálculo de la cifra repartidora tiene por objeto determinar el número de escaños que le corresponde a cada una de las organizaciones políticas que tienen derecho a participar en la distribución de escaños por haber superado la barrera electoral. Por tanto, el mencionado método, en esta etapa, únicamente se aplica respecto a tales organizaciones.

[85] También se aplica para la elección de los representantes al Parlamento Andino, partiendo de una elección como distrito único (art. 1 de la Ley N° 28360, de 15 de octubre de 2004, Ley de Elecciones de Representantes ante el Parlamento Andino).

listas la cifra repartidora se aplica para establecer el número de Regidores que les corresponde (numeral 3 del art. 25 de la LEM).

Podemos concluir que la cifra repartidora es un método matemático para calcular los escaños o cuotas de participación política de los partidos que tendrán representación en el Congreso, pero sus efectos dependen de otros elementos del sistema electoral como las circunscripciones electorales, la barrera electoral, la forma de la candidatura, el voto preferencial, entre otros. Asimismo esta cifra repartidora no se aplica únicamente para un sistema electoral proporcional, pues en el caso de la composición de los concejos municipales se aplica junto al sistema del *premio a la mayoría*[86] para permitir la representación proporcional de las organizaciones políticas en minoría.

Sistema electoral mayoritario

Respecto al ejercicio del derecho a ser elegido —postulación y posibilidad de ser electo luego de la votación— en el ordenamiento electoral peruano se regula condiciones mínimas de votos obtenidos para poder acceder a los cargos; pues al realizarse el sufragio pasivo por medio de las organizaciones políticas, se requiere que éstas reúnan algunas condiciones posteriores al acto electoral para que el ciudadano pueda acceder al cargo público o representación. En el caso peruano junto al sistema de representación proporcional también se aplica el sistema mayoritario para algunos niveles de acceso a cargos o representación.

Así, en el caso de la Presidencia de la República —el Presidente y Vicepresidentes son elegidos conjuntamente— para ser elegidos se requiere haber obtenido más de la mitad de los votos válidos (art. 17 de la LOE), Si no se hubiese alcanzado la votación prevista se procede a efectuar una segunda elección dentro de los 30 días siguientes a la proclamación de los cómputos oficiales, entre los dos candidatos que obtuvieron la votación más alta (art. 18 de la LOE).

En el ámbito regional, el Gobernador y el vicegobernador del gobierno regional son elegidos conjuntamente. Para ser elegidos, se requiere que la fórmula respectiva obtenga no menos del treinta por ciento de los votos válidos, y de no ser así se procede a una segunda elección dentro de los treinta días calendario siguientes a la proclamación de los cómputos oficiales entre las dos fórmulas más votadas (art. 5 de la LER). Respecto a los candidatos a consejeros regionales, en cada provincia se proclama consejero electo al candidato con la mayor votación, y si ésta elige a más de un consejero se aplicará el sistema de la cifra repartidora que se vio en el punto

---

[86] Denominación utilizada en las publicaciones del JNE para referirse a la decisión, conforme al ordenamiento electoral, de darle la mitad más uno del total de regidores a la lista ganadora, y a las demás aplicarles la cifra repartidora.

anterior (num. 3 del art. 8 de la LER). Y en el ámbito municipal, el alcalde y los regidores son elegidos de manera conjunta. Para el alcalde, será la lista más votada la que permita que éste sea proclamado (art. 23 de la LEM); y en el caso de los regidores se aplicará la cifra repartidora o el *premio a la mayoría*.

Podemos resumir señalando que en ordenamiento electoral peruano respecto a la fórmula de la mayoría relativa se presentan algunos tipos: una mayoría relativa (para acceder a alcalde municipal), una mayoría absoluta (para acceder al cargo de Presidente de la República y Vicepresidentes), y una mayoría calificada que exige un porcentaje distinto a la mitad más uno (para acceder al cargo de Gobernador Regional y vicegobernador).

Finalmente, en el ámbito municipal se da la figura del *premio a la mayoría* para la designación de los regidores electos. Esto se halla regulado en el num. 2 del art. 25 de la LEM que señala respecto a la elección de los regidores del concejo municipal que a la lista ganadora se le asigna la cifra repartidora o la mitad más uno de los cargos de Regidores del Concejo Municipal; es decir lo que más le favorezca, que para el caso peruano lo común es que lo más favorable sea la aplicación de este método, pues éste le otorga a la lista de la organización política que obtuvo mayor cantidad de votos la mitad más uno del número total de regidores del concejo municipal.

Tipo de Voto

El tipo de voto se halla relacionado con la forma de las candidaturas, con la fórmula presentada por la organización política para las elecciones.

Para la Presidencia de la República, cada organización política inscribe una fórmula de candidatos a la Presidencia y Vicepresidencias de la República de manera conjunta para participar del proceso de elecciones (art. 109 de la LOE). Para el sufragio activo el ciudadano votará por la *fórmula completa*, y por lo tanto la proclamación de electos será para la fórmula ganadora de los votos válidos, siempre que ésta no sea inferior a la tercera parte del total de los votos emitidos (art. 322 de la LOE).

Para el Congreso de la República, cada organización política de alcance nacional inscribe una lista de candidatos al Congreso de la República en cada distrito electoral ante el Jurado Electoral Especial correspondiente, equivalente al número de congresistas que se ha previsto elegir en éste (art. 115 de la LOE), indicando el orden de ubicación de los candidatos (art. 117 de la LOE). Para el sufragio activo el ciudadano votará con doble *voto preferencial opcional de la lista de candidatos* presentada por la organización política (art. 21 de la LOE), y por lo tanto la proclamación de electos será para los que hayan obtenido el mayor número de votos válidos dentro de su lista (arts. 31 y 32 de la LOE), esto luego de aplicarse la valla electoral y la cifra repartidora.

Para los Gobiernos Regionales, cada organización política de alcance nacional, regional o alianzas electorales presenta conjuntamente una fórmula de candidatos a la presidencia y vicepresidencia y una lista al consejo regional (art. 12 de la LER), en el caso de los consejeros éstos serán votados por su provincia que constituirá un distrito electoral (num. 1 del art. 8 de la LER). Para el sufragio activo el ciudadano votará por la *fórmula completa* en el caso del Gobernador y Vicegobernador Regional, y por lo tanto la proclamación de electos será para la fórmula ganadora —en primera o segunda elección dependiendo del caso— (art. 5 de la LER). En el caso del Consejo Regional el ciudadano votará por *la lista de candidatos* presentada por la organización política, y por lo tanto la proclamación de electos será, en cada provincia, al candidato con la mayor votación, y en la provincia en que se elija dos o más consejeros se aplica la regla de la cifra repartidora según el orden de candidatos establecidos por los partidos políticos y movimientos regionales (art. 8 de la LER).

Para los Gobiernos Municipales, cada organización política de alcance nacional, regional, alianzas electorales u organizaciones políticas locales presenta conjuntamente una lista de candidatos en la que se hallan el candidato a alcalde y los candidatos a regidores en número correlativo (art. 10 de la LEM). Para el sufragio activo el ciudadano votará por la *lista de candidatos* presentada por la organización política, y por lo tanto la proclamación del alcalde electos será para la lista más votada, y en el caso del concejo municipal se aplicará la cifra repartidora o la mitad más uno (arts. 23 y 25 de la LEM).

Mecanismos de acción o discriminación positiva

En el ordenamiento electoral peruano se tienen previstas tres cuotas electorales: cuota de género, cuota de jóvenes y cuota de comunidades nativas, comunidades campesinas y pueblos originarios (cuota indígena). La Constitución peruana prescribe en su art. 191 que la ley establece porcentajes mínimos para hacer accesible la representación de género, comunidades campesinas, nativas y pueblos originarios en los Consejos Regionales, y que igual tratamiento se aplica para los Concejos Municipales.

Sobre la cuota de género esta se aplica para las listas presentadas al Congreso de la República[87], representantes al Parlamento Andino[88], Consejos Regionales[89],

---

[87] Ley Orgánica de Elecciones.

Artículo 116: Las listas de candidatos al Congreso en cada Distrito Electoral deben incluir un número no menor del 30% de mujeres o de varones. En las circunscripciones en que se inscriban listas con tres candidatos, por lo menos uno de los candidatos debe ser varón o mujer

Concejos Municipales[90]. Sobre la cuota de jóvenes esta se aplica para las listas presentadas a los Consejos Regionales[91] y Concejos Municipales[92].Sobre la cuota de comunidades nativas, comunidades campesinas y pueblos originarios, esta se aplica para las listas presentadas a los Consejos Regionales[93] y Concejos Municipales de alcance provincial[94]. Asimismo, debe indicarse que un candidato puede acreditar más de una cualidad[95].

---

[88] Ley de Elecciones de Representantes ante el Parlamento Andino.

Artículo 4: Los postulantes a representantes ante el Parlamento Andino requieren los mismos requisitos y tienen los mismos impedimentos e incompatibilidades de los postulantes al Congreso de la República (…).

[89] Ley de Elecciones Regionales.

Artículo 12: (…) La lista de candidatos al consejo regional debe estar conformada por el número de candidatos para cada provincia, incluyendo igual número de accesitarios.

La relación de candidatos titulares considera los siguientes requisitos:

1. No menos de un treinta por ciento (30%) de hombres o mujeres.

[90] Ley de Elecciones Municipales.

Artículo 10: La lista de candidatos se presenta en un solo documento y debe contener:

3. El número correlativo que indique la posición de los candidatos a regidores en la lista, que debe estar conformada por no menos de un treinta por ciento (30%) de hombres o mujeres (…).

[91] Ley de Elecciones Regionales.

Artículo 12: (…) La lista de candidatos al consejo regional debe estar conformada por el número de candidatos para cada provincia, incluyendo igual número de accesitarios.

La relación de candidatos titulares considera los siguientes requisitos:

2. No menos de un veinte por ciento (20%) de ciudadanos jóvenes menores de veintinueve (29) años de edad.

[92] Ley de Elecciones Municipales.

Artículo 10: La lista de candidatos se presenta en un solo documento y debe contener:

(…) 3. El número correlativo que indique la posición de los candidatos a regidores en la lista, que debe estar conformada por (…) no menos de un veinte por ciento (20%) de ciudadanos o ciudadanas jóvenes menores de veintinueve (29) años de edad (…).

[93] Ley de Elecciones Regionales.

Artículo 12: (…) La lista de candidatos al consejo regional debe estar conformada por el número de candidatos para cada provincia, incluyendo igual número de accesitarios.

La relación de candidatos titulares considera los siguientes requisitos:

3. Un mínimo de quince por ciento (15%) de representantes de comunidades nativas y pueblos originarios en cada región donde existan, conforme lo determine el Jurado Nacional de Elecciones (JNE).

[94] Ley de Elecciones Municipales.

Artículo 10: La lista de candidatos se presenta en un solo documento y debe contener:

(…) 3. El número correlativo que indique la posición de los candidatos a regidores en la lista, que debe estar conformada por (…) un mínimo de quince por ciento (15%) de representantes de comunidades nativas y pueblos originarios de cada provincia correspondiente, donde existan, conforme lo determine el Jurado Nacional de Elecciones.

Tabla 6

Tipos de elección en los que se aplican las cuotas electorales

Tipos de cuota electoral	Porcentaje de la cuota	Tipo de Elección a la que se aplica
Cuota de género.	No menos del 30% en las listas deben estar integrado por varones o mujeres	Congresal Parlamento Andino Consejo Regional Concejo Municipal (Provincial y distrital)
Cuota de jóvenes.	No menos del 20 % de las listas de candidatos y candidatas debe estar integrado por menores de 29 años al cierre de inscripción de candidatos	Concejo Regional Concejo Municipal (Provincial y distrital)
Cuota de comunidades nativas, comunidades campesinas y pueblos originarios.	No menos del 15 % de las listas de candidatos/as debe estar integrado por un representante de las comunidades nativas, comunidades campesinas o pueblos originarios. El JNE determina la jurisdicción de su aplicación.	Consejo Regional Concejo Municipal Provincial

Fuente: Elaboración propia.

5.1.2.5. Otros requisitos

En el ordenamiento electoral peruano encontramos que además de los requisitos desarrollados se exigen algunos adicionales para poder ser elegido en un cargo o representación popular.

Así, a todos los candidatos (para Presidente de la República, Congreso, Gobiernos Regionales, Gobiernos Municipales) se les pide acompañar una Declaración Jurada de Hoja de Vida (art. 23 de la LOP)[96]. Asimismo las

---

[95] Ley de Elecciones Regionales.

Artículo 12: (…) La lista de candidatos al consejo regional (…)

Para tal efecto, un mismo candidato puede acreditar más de una cualidad.

[96] Ley de Organizaciones Políticas.

23.3 La Declaración Jurada de Hoja de vida del candidato se efectúa en el formato que para tal efecto determina el Jurado Nacional de Elecciones, el que debe contener:

1. Lugar y fecha de nacimiento.

2. Experiencias de trabajo en oficios, ocupaciones o profesiones, que hubiese tenido en el sector público y en el privado.

organizaciones políticas que presentan candidatos, según sea el caso, a elecciones generales, regionales o municipales, al momento de presentación de sus respectivas listas para su inscripción deberán cumplir con entregar al Jurado Nacional de Elecciones su Plan de Gobierno del nivel que corresponda (art. 23-A de la LOP).

Otro requisito exigido para poder presentarse a elecciones es el relacionado con la afiliación a una organización política, pues de estar afiliado a una organización no se podría postular por otra[97].

Algunos requisitos adicionales los encontramos a nivel reglamentario. Así en la Resolución N.° 0305-2015-JNE, de 21 de octubre de 2015, Reglamento de Inscripción de Fórmulas y Listas de Candidatos para las Elecciones Generales y de Representantes ante el Parlamento Andino; en el art. 29 se exigen algunos documentos al solicitar la inscripción de la fórmula de candidatos para la Presidencia y Vicepresidencia de la República, estos son: la impresión del formulario Solicitud de Inscripción de Fórmula de Candidatos firmado por todos los candidatos y el personero legal; el acta original, o copia firmada por el personero legal, que debe contener la elección interna de los candidatos a presidente y vicepresidentes, realizada por el órgano partidario que establece el estatuto o el acuerdo que forma la alianza electoral; la impresión del plan de gobierno y del formato resumen de éste, firmados por el personero legal de la organización política, y además, debe adjuntar

---

3. Estudios realizados, incluyendo títulos y grados si los tuviere.

4. Trayectoria de dirigente de cualquier naturaleza, en cualquier base o nivel, consignando los cargos partidarios, de elección popular, por nombramiento o de otra modalidad, que hubiese tenido.

5. Relación de sentencias condenatorias firmes impuestas al candidato por delitos dolosos, la que incluye las sentencias con reserva de fallo condenatorio.

6. Relación de sentencias que declaren fundadas las demandas interpuestas contra los candidatos por incumplimiento de obligaciones familiares o alimentarias, contractuales, laborales o por incurrir en violencia familiar, que hubieran quedado firmes.

7. Mención de las renuncias efectuadas a otros partidos, movimientos de alcance regional o departamental u organizaciones políticas de alcance provincial y distrital, de ser el caso.

8. Declaración de bienes y rentas, de acuerdo con las disposiciones previstas para los funcionarios públicos.

(…) 23.5 La omisión de la información prevista en los numerales 5, 6 y 8 del párrafo 23.3 o la incorporación de información falsa dan lugar al retiro de dicho candidato por el Jurado Nacional de Elecciones, hasta diez días antes del proceso electoral. El reemplazo del candidato excluido solo procede hasta antes del vencimiento del plazo para la inscripción de la lista de candidatos.

[97] Ley de Organizaciones Políticas

Art. 18: No podrán inscribirse, como candidatos en otros partidos políticos, movimientos u organizaciones políticas locales, los afiliados a un partido político inscrito, a menos que hubiesen renunciado con un (1) año de anticipación a la fecha del cierre de las inscripciones del proceso electoral que corresponda o cuenten con autorización expresa del partido político al que pertenecen, la cual debe adjuntarse a la solicitud de inscripción, y que éste no presente candidato en la respectiva circunscripción. No se puede postular por más de una lista de candidatos.

la constancia de haber registrado el formato resumen en un sistema virtual del JNE denominado PECAOE, y anexar el CD que contenga el archivo digital del plan de gobierno; la impresión de la declaración jurada de hoja de vida de cada uno de los candidatos integrantes de la fórmula, registrada en el sistema PECAOE, dicha declaración, en cada una de sus páginas, deberá estar firmada por el respectivo candidato y el personero legal, y deberá contener la huella dactilar del primero; el original o copia legalizada del documento en el que conste la renuncia al cargo, en el caso de aquellos ciudadanos que deben cumplir con dicha exigencia para postular, de acuerdo con el art. 107 de la LOE; el original o copia legalizada de la autorización expresa, suscrita por el secretario general o por quien señale el respectivo estatuto de la organización política en la que el candidato está inscrito, para que pueda postular por otra agrupación política; copia simple del DNI de cada integrante de la fórmula; el original del comprobante de pago de la tasa que corresponda.

En el caso de los candidatos al Congreso de la República se les pide adicionalmente los mismos requisitos enumerados anteriormente, con excepción del Plan de Gobierno.

Para el caso de los candidatos a los Gobiernos Regionales y Municipales, se les pide adicionalmente los mismos documentos, añadiéndose: el original o copia legalizada de la declaración de conciencia sobre la pertenencia a una comunidad nativa, campesina o pueblo originario, en el caso de candidatos que postulen en aplicación de la cuota; en caso de que el DNI del candidato no acredite el tiempo de residencia o domicilio requerido, deberá presentar original o copia legalizada de los documentos con fecha cierta, que acrediten los años de residencia efectiva en la circunscripción en la que se postula (art. 26 de la Resolución N° 272-2014-JNE, de 1 de abril de 2014, Reglamento de Inscripción de Listas de Candidatos para Elecciones Regionales y art. 25 de la Resolución N° 271-2014-JNE, de 1 de abril de 2014, Reglamento de Inscripción de Listas de Candidatos para Elecciones Municipales).

1.3. Jurisprudencia relevante y comentarios.

Tal como se abordó en el marco referencial, el derecho de sufragio pasivo implicaría en su dimensión objetiva determinados requisitos relacionados con la oportunidad y libertad de poder presentar una candidatura, el poder llevar adelante una campaña electoral, contar con garantías de transparencia en los resultados, así como garantías en los procedimientos del sistema electoral para la asignación de escaños y proclamación de representante electo; vale decir que para el ejercicio del derecho de sufragio pasivo no bastaría con la posibilidad de presentarse como candidato sino además implicaría las *reglas del juego,* las reglas del sistema electoral que permitirán que, en el contexto peruano, uno pueda postular y además ser declarado electo.

La regulación de limitaciones y/o requisitos para el ejercicio del derecho de sufragio pasivo halla fundamento en su dimensión objetiva, y no podrán ir en contra del contenido esencial del derecho de sufragio pasivo: el derecho subjetivo a ser elegido, un derecho en el que las limitaciones sólo se presenten bajo el principio de razonabilidad o proporcionalidad. En esta línea; resulta razonable que limitaciones o requisitos generales como la ciudadanía, la cualidad de elector, la edad, el domicilio y residencia, desde una dimensión objetiva encuentren sustento, atendiendo a las particularidades del sistema democrático peruano.

Ahora bien, nos parece interesante hacer mención a algunas líneas jurisprudenciales de la entidad electoral referida a determinados puntos del sufragio pasivo tratado en el contexto peruano. Así, una línea jurisprudencial es la relacionada con los requisitos del domicilio y residencia con la que viene calificando el JNE. En la calificación de las listas presentadas en los procesos electorales de ámbito regional y municipal es frecuente la declaración de inadmisibilidad, improcedencia así como presentación de tachas por parte de los ciudadanos contra las listas postulantes basadas en el incumplimiento de requisitos de domicilio y residencia.

Para la entidad electoral el domicilio es un concepto jurídico que, en principio, constituye la residencia de la persona conforme lo señala el artículo 33 del Código Civil peruano (CC), al indicar que el mismo se constituye por la residencia habitual de la persona en un lugar; sin embargo, el concepto de domicilio en dicho código no excluiría otras formas como, el domicilio especial, para la ejecución de determinados actos jurídicos (art. 34 CC), el domicilio de funcionarios públicos (art. 38 CC), el domicilio conyugal (art. 36 CC) y de incapaces (art. 37 CC), y el reconocimiento de domicilio múltiple (art. 35 CC), el que sería permitido en el caso de los candidatos a elecciones municipales[98].

Por ejemplo para el caso de los ciudadanos que deseen presentarse al cargo de alcalde o miembro del concejo municipal se les exige domiciliar cuando menos dos años continuos en la provincia o distrito por el que postule, asimismo se señala que rigen las disposiciones del domicilio múltiple (art. 6 LEM); según la línea jurisprudencial del JNE cuando en el Documento Nacional de Identidad (DNI) se señale un domicilio distinto al lugar por el que se postula corresponde al candidato acreditar con documentos que constituyan prueba suficiente que tienen domicilio en el distrito donde postula (criterio utilizado en resoluciones como la Resolución N° 1584-2006-JNE, de 11 de septiembre de 2006)[99].

---

[98] Criterios del concepto de domicilio utilizados en Resoluciones del JNE como la Resolución N° 1510-2006–JNE, Resolución N° 1655-2006–JNE, Resolución N° 1580-2006–JNE, Resolución N° 1584-2006 –JNE, entre otros.

[99] Actualmente el criterio de acreditación de domicilio se halla regulado a nivel reglamentario del JNE, así en el art. 26.10 de la Resolución N° 272-2014-JNE, de 1 de abril de 2014, Reglamento de inscripción de fórmulas y listas de candidatos para elecciones regionales; así como en el art. 25.10 de la

Asimismo en repetidas resoluciones del JNE se señala que en el caso de que la dirección domiciliaria que figure en el DNI pertenezca al municipio por el que se desea postular ésta genera "una presunción, salvo prueba en contrario, de domicilio y habitualidad del candidato" (Resolución N° 1765-2006-JNE, de 14 de setiembre de 2006). Esta presunción parecería ir en contra de la línea jurisprudencial que señala que en el requisito de domicilio continuo en el elecciones municipales "prima el criterio de vecindad" (Resolución N° 1584-2006-JNE, de 11 de setiembre de 2006). En todo caso estas dos líneas jurisprudenciales de domicilio se complementan, aunque debemos señalar que a la fecha por la experiencia laboral desarrollada en la entidad electoral así como la amplia difusión de las resoluciones del JNE por los medios de comunicación, los requisitos de domicilio y residencia siguen siendo causales de una amplia carga de expedientes jurisdiccionales a nivel electoral, así como demora en la resolución de los mismos; se ha convertido así el incumplimiento de estos requisitos en un caso común en los procesos electorales de ámbito municipal y regional.

Si bien, el criterio de la presunción del domicilio señalado en el DNI como de residencia continua en la dirección señalada, atiende a que el fin último es permitir la participación política de los ciudadanos a través del sufragio pasivo; también es importante la consideración de que, al menos en el ámbito municipal, las exigencias o restricciones de domicilio y residencia señaladas en el ordenamiento electoral atiende a fundamentos de *vecindad*. Este criterio último se señala en uno de los casos que generó mayor difusión de los medios de comunicación en el Perú, el caso de un candidato a la alcaldía de la Municipalidad Metropolitana de Lima, que hasta esa fecha desempeñaba un cargo de elección popular en otra jurisdicción —presidente regional de la Provincia Constitucional del Callao—, y que para poder presentarse como candidato a la Municipalidad Metropolitana de Lima presentó documentos de domicilio fiscal en dicha jurisdicción como modalidad de domicilio múltiple. Finalmente el JNE resolvió utilizando el criterio de vecindad, pues el requisito del domicilio por un determinado periodo de tiempo de antelación en la provincia o distrito donde se postula tiene por finalidad garantizar que los candidatos tengan "un contacto permanente y continuo por dichos años con la circunscripción a la cual postulan a efectos de que puedan conocer la problemática y necesidades de su

Resolución N° 271-2014-JNE, de 1 de abril de 2014, Reglamento de inscripción de listas de candidatos para elecciones municipales, se señala que en caso de que el DNI del candidato no acredite el tiempo de residencia o domicilio requerido, deberá presentar original o copia legalizada de los documentos con fecha cierta, que acrediten los años de residencia efectiva en la circunscripción en la que se postula. Las actividades propias de la residencia en la circunscripción a la que se postula, podrán ser acreditadas por el periodo requerido, además entre otros medios coadyuvantes, con originales o copias autenticadas de los siguientes instrumentos: a) Registro del Seguro Social; b) Recibos de pago por prestación de servicios públicos; c) Contrato de arrendamiento de bien inmueble; d) Contrato de trabajo o de servicios; e) Constancia de estudios presenciales; f) Constancia de pago de tributos; y g) Título de propiedad de bien inmueble ubicado en el lugar en que se postula.

localidad y que, justamente por ello, puedan generar un legítimo interés en ejercer cargos públicos en representación de ella" (FJ 10 Resolución N° 1531-2010-JNE, de 20 de agosto de 2010).

Ahora bien en las elecciones regionales y municipales del 2014 esta línea jurisprudencial de exigencia de domicilio, que hizo referencia a la residencia de una determinada cantidad de años en razón a la vecindad, sufrió una gran variación. Así se presentó el caso de un alcalde de un distrito que pretendía postular por otro, y la máxima entidad electoral resolvió que "no podrá exigirse la misma habitualidad a una persona que tenga domicilio en un lugar que a una persona con domicilio múltiple", aludiendo a la no habitualidad en el domicilio por el que se postulaba dada su condición actual de alcalde de otro distrito (FJ 3 Resolución N° 2394-2014-JNE, de 4 de septiembre de 2014).

Como apreciamos son pues estas situaciones de cambios de criterios en la resoluciones de la máxima entidad electoral las que podrían constituir uno de los factores, entre otros, de los problemas reiterados y frecuentes que se presentan en los procesos electorales en relación a los requisitos del domicilio y el de su residencia efectiva.

Ahora veremos una jurisprudencia relacionada con supuestos de incapacidad. Así, respecto a la imposibilidad de los parientes del Presidente de la República de presentarse a elecciones generales (literal e del art. 107 de la LOE) se encontraría, por un lado, el argumento del JNE de que el derecho al sufragio está reservado a los ciudadanos y "cuyo ejercicio debe realizarse conforme a ley o, como con más precisión se señala en el artículo 31, tanto el sufragio activo como el sufragio pasivo deberán ejercerse de acuerdo con las condiciones y procedimientos *determinados por ley orgánica*" (FJ 2, Resolución N° 0054-2016-JNE, de 22 de enero de 2016), y por otro lado, los argumentos de algunos constitucionalistas que sostienen que tal restricción contenida en la LOE supone un impedimento no contemplado en forma expresa en la Constitución peruana. Estos supuestos fueron vistos en el último proceso electoral peruano del 2016, en el que el padre del Presidente de la República se presentó a las elecciones generales para ser elegido como Vicepresidente de la República; finalmente los argumentos de la Resolución N° 0054-2016-JNE, básicamente relacionados con el principio de legalidad, declararon improcedente la postulación.

Sobre la referida Resolución del organismo electoral peruano podemos citar el *Caso Castañeda Gutman vs. México*[100] en el que se señalaba en su FJ 148 que la participación política "mediante el ejercicio del derecho a ser elegido supone que los ciudadanos puedan postularse como candidatos en condiciones de igualdad y que puedan ocupar los cargos públicos sujetos a elección si logran obtener la cantidad de

---

[100] Puede revisarse Caso Castañeda Gutman vs. Estados Unidos Mexicanos, Sentencia de 6 de agosto de 2008, CorteIDH.

votos necesarios para ello"; asimismo se señalaba que la Convención Americana no establecía una modalidad específica o un sistema electoral particular mediante el cual el derecho a ser elegido deba ser ejercido, similar fundamento de no establecimiento de sistema electoral específico se argumentó en el FJ 54 del *Caso Mathieu-Mohin y Clerfayt vs. Bélgica*[101].

Partimos de que los derechos políticos no son absolutos, por lo que pueden estar sujetos a limitaciones, siempre que se observe "los principios de legalidad, necesidad y proporcionalidad en una sociedad democrática" (FJ 206 Caso Yatama vs. Nicaragua, Sentencia de 23 de junio de 2005, CorteIDH). El impedimento del padre (familiar) del Presidente de la República de presentarse a elecciones para Vicepresidente —vista en la jurisprudencia electoral reciente— (Resolución N° 0054-2016-JNE), y que al parecer en razón a su regulación en la LOE se halla el fundamento de su legalidad, necesidad y proporcionalidad. Así, respecto a la legalidad de tal medida restrictiva no existe duda pues la misma encuentra fundamento en la misma regulación de la LOE. En cuanto al requisito de la necesidad, de si nos hallamos frente a una finalidad necesaria, legítima y proporcional de tal restricción que pueda justificarse en la protección de los demás derechos de las personas, el bien común, una sociedad democrática, etc., en la Resolución N° 054-2016-JNE, en su FJ 16, se justifica la introducción de este impedimento señalando que el mismo tendría "como finalidad constitucional que la trasmisión del poder no tenga rasgos hereditarios propios de la monarquía".

Si bien el derecho a ser elegido reside en la voluntad popular, pues son los ciudadanos los que deciden si eligen o no a un determinado candidato, podemos atender a que los gobiernos democráticos en el Perú son recientes, así como la construcción y fortalecimiento de sus instituciones, y en tal sentido podría justificarse tal restricción al sufragio pasivo respecto al cónyuge o parientes; aunque, habría que mencionar que paradójicamente la inclusión de esta restricción se dio en la promulgación de una nueva LOE en el año 1997 durante el gobierno del ex presidente Alberto Fujimori (1990-2001), y posterior a sucesos como el *Caso 11 428, Susana Higuchi Miyagawa vs. Perú*, CIDH, quien fuera esposa del ex presidente Alberto Fujimori y a quien no se le permitió la postulación a la presidencia de la República basado en una modificación a la Ley Orgánica Electoral y con varias resoluciones del JNE que causaron mucha discusión, todo ello en los años 1994 y 1995[102].

Pasaremos al comentario de otra jurisprudencia relacionada con el sufragio pasivo. Un requisito de la legislación electoral peruana es la postulación a través de partidos políticos. Una de las resoluciones del máximo organismo electoral peruano

---

[101] Puede revisarse Caso Mathieu-Mohin y Clerfayt vs. Bélgica; Sentencia de 2 de marzo de 1987, series A N°.113, TEDH; Corte Europea de Derechos Humanos.

[102] Puede consultarse la línea cronológica de los sucesos en la web del Centro de Documentación e Investigación del Ministerio de Cultura de Perú: www.lum.cultura.pe/cdi/content/1994 (consulta última el 20 de mayo de 2017).

que generó bastante debate fue la del caso Julio Guzmán, candidato a la presidencia de la República en el 2016.

Los hechos se resumen básicamente en que en diciembre de 2015 el partido político Todos Por el Perú, solicita a la Dirección Nacional de Registro de Organizaciones Políticas del JNE (DNROP) que se inscriba en la partida electrónica modificaciones relacionadas con su Estatuto; asimismo en este mismo mes se solicita la inscripción de los miembros de su Tribunal Nacional Electoral del partido político, y la solicitud de nuevos miembros de su Comité Ejecutivo Nacional, así como modificaciones menores como el símbolo. La Dirección del ROP (DNROP) del JNE señalará que sobre la inscripción del nuevo Estatuto, se presentaron observaciones no subsanables, relacionadas básicamente con que no se podían realizar modificaciones a las normas de democracia interna de las agrupaciones políticas una vez convocado el proceso electoral; y que como consecuencia de esta imposibilidad de inscripción del nuevo Estatuto, no se podían inscribir a los nuevos miembros elegidos del Tribunal Electoral, así como tampoco se podía inscribir a los nuevos miembros del Comité Ejecutivo. Luego de un proceso de apelación, finalmente en la Resolución N° 093-2016-JNE, de 15 de febrero de 2016, el pleno del JNE como máximo intérprete resolverá sobre los procedimientos administrativos presentados por la organización política y resoluciones de la DNROP declarando infundados los recursos de apelación y confirmando las resoluciones de la DNROP. Esta resolución contó con tres votos a favor y dos en minoría; votos en minoría que básicamente señalaban que la Constitución peruana busca asegurar la organización y el funcionamiento democráticos de los partidos políticos, "pero que no establece una estructura y un comportamiento predeterminados, ya que el Constituyente otorga a las organizaciones políticas un gran margen de autonomía para la autorregulación" (FJ 21 del voto en minoría, Resolución N° 093-2016-JNE); finalmente señalará, que la confirmación de la improcedencia de las solicitudes de modificación presentadas acarreará, indefectiblemente, colocar al partido político en una situación de incertidumbre y hasta de interregno, por cuanto no podría participar en el proceso de Elecciones Generales 2016 con apego a sus propias normas internas, vulnerándose así sus derechos de autoorganización y autodeterminación, lo cual "sin duda, generaría que, por situaciones no cuestionadas por afiliado alguno y en el marco fáctico, estatutario y legal en concreto, se deniegue un derecho fundamental como es el de participación política" (FJ 57 del voto en minoría, Resolución N.° 093-2016-JNE).

Luego de esta resolución, a nivel jurisdiccional, los Jurados Electorales Especiales (primera instancia electoral) resolvieron que al no haberse logrado las inscripciones en el Registro del JNE y por ende habiéndose presentado problemas de democracia interna, declararon improcedentes las solicitudes de inscripción tanto de los candidatos al Congreso de la República, y también de la fórmula presidencial. Esta situación generó gran controversia, más aun considerando que según las encuestas el candidato a la presidencia por dicho partido político se hallaba en segunda ubicación de las preferencias electorales.

A partir de estas resoluciones podemos reflexionar que en dicho proceso jurisdiccional electoral se hallaba la decisión frente a observaciones formuladas por la DNROP al incumplimiento de requisitos formales que se pretendieron inscribir versus el derecho a la participación política, en este caso del candidato a la Presidencia o de los que pretendieron postular al Congreso de la República. Si bien se hace mención que las observaciones versaron sobre el incumplimiento de normas estatutarias del propio partido político y no así de incumplimiento de alguna norma constitucional, o de la LOE o de la LOP; en las resoluciones comentadas no se atendieron a un análisis pormenorizado del principio de proporcionalidad sobre la confrontación de las dos posturas comentadas.

Al no haberse logrado las inscripciones administrativas en la DNROP era previsible que los órganos electorales (Jurado Electorales Especiales) declararan improcedente la inscripción de las listas de candidatos, pues como vimos anteriormente en el sistema electoral peruano para poder hacer ejercicio del derecho de sufragio pasivo se requiere la concurrencia de los partidos políticos. Ahora bien en la legislación electoral peruana se habla de "partidos políticos, agrupaciones independientes y alianzas" sin embargo no existe desarrollo legislativo para las agrupaciones independientes de ciudadanos, por ello en la Segunda Disposición Complementaria de la Ley N° 28581, de 20 de junio de 2005 se señalaba que toda referencia en la Ley Orgánica de Elecciones que se haga a "Partidos Políticos, Agrupaciones Independientes y Alianzas", se entendería referida a "Partidos Políticos y Alianzas Electorales", previstas en la Ley de Partidos Políticos, hoy denominada LOP (denominación dada por la Ley 30414, de 23 de diciembre de 2015).

Es pertinente la aclaración de que en el ordenamiento electoral peruano si bien se presenta la referencia a agrupaciones independientes de ciudadanos no existe regulación alguna de tal instrumento en sí como medio para el ejercicio del sufragio pasivo, situación diferente a otros ordenamientos electorales de Latinoamérica o europeos como se vio en el marco referencial. Así en España para las elecciones al parlamento Europeo, al Congreso de los Diputados y al Senado, así como a las elecciones municipales se puede hacer ejercicio del derecho de sufragio pasivo a través de agrupaciones de electores con una determinada cantidad de firmas, las cuales son razonables, por ejemplo las agrupaciones de electores que concurran a las elecciones al Congreso de los Diputados y al Senado necesitan, al menos, la firma del 1% de los inscritos en el censo electoral de la circunscripción.

En el contexto peruano ante la imposibilidad de poder presentar una candidatura, hacer ejercicio del derecho de sufragio, mediante un partido político (organización política) no existe otro medio alternativo para poder valer este derecho fundamental; ello podría encontrar sustento en la precariedad del sistema democrático peruano y del sistema de partidos políticos, aunque a la fecha no se ha presentado este debate. Así por ejemplo en el caso comentado del candidato Julio Guzmán o más aún de los candidatos al Congreso por la organización política Todos Por el Perú, ante la no inscripción de las modificaciones estatutarias y otros en los asientos registrales del partido político custodiados por el JNE, no pudieron recorrer a otro medio o instrumento diferente al partido político para poder hacer ejercicio del derecho de sufragio pasivo.

En el ordenamiento electoral peruano a nivel municipal como se comentó en párrafos anteriores referidos al domicilio y residencia, un criterio válidamente aceptado a nivel local es el de la *vecindad*, parece pues que por dicho motivo uno de los instrumentos para poder ejercer el derecho de sufragio pasivo sea la conformación de organizaciones políticas denominadas *movimientos u organizaciones de alcance local*, sin embargo si bien parece que estas organizaciones políticas como medios o instrumentos para el ejercicio del derecho de sufragio pasivo permitirían de forma más cercana y sencilla la participación política, no es tanto así. En principio se les exige para su conformación prácticamente los mismos requisitos que a los partidos políticos, así por ejemplo, una relación de adherentes no menor al cinco por ciento de los ciudadanos que sufragaron en las últimas elecciones de carácter nacional dentro de la circunscripción en la cual se pretenda presentar candidatos, una vez constituido e inscrita en el Registro de Organizaciones Políticas del JNE puede presentar postulaciones en el proceso electoral; y finalmente una vez concluido el proceso electoral se procede a su cancelación de oficio de su registro. Sólo de estas consideraciones mencionadas podría concluirse que su participación termina siendo muy desventajosa; probablemente por esta situación en las elecciones municipales las organizaciones políticas que tienen mayor participación sean los movimientos regionales.

Uno de los argumentos relacionados con el incremento de los requisitos para la conformación e inscripción de nuevas organizaciones políticas es el de la gran cantidad de organizaciones políticas en el Perú, así por ejemplo el JNE señala que "el derecho a la participación política se ejerce, entre otros medios, con la constitución de organizaciones políticas sólidas; por tanto, la implementación de mejoras continuas en los procedimientos que regulan su inscripción y su actividad partidaria, contribuye al fortalecimiento del sistema de partidos políticos y, a su vez, permite seguir fomentando la reforma electoral que es necesaria para brindar mejores reglas y garantías en nuestro sistema electoral" (FJ 4 de la Resolución N° 0208-2015-JNE, de 6 de agosto de 2015). Dentro de las recientes modificaciones dadas por el Congreso en la Ley N° 30414, de 17 de enero de 2016, Ley que modifica la Ley N° 28094, Ley de Organizaciones Políticas, se halla el incremento de firmas de adherentes para la inscripción de partidos políticos (4% de los ciudadanos que sufragaron en el último proceso electoral nacional), así como su cancelación en el Registro de no haberse obtenido representación parlamentaria, haber superado la valla electoral, o no haber participado en dos elecciones generales sucesivas.

Si bien el argumento de la consolidación del sistema democrático y el fortalecimiento del sistema electoral pasa también por los partidos políticos, una reducción de éstos no necesariamente implicará que se mejore el sistema electoral; pues como se vio en el marco referencial los partidos políticos constituyen instrumentos que permiten el ejercicio ciudadano del derecho al sufragio pasivo, no son ellos los que detentan tal derecho. Además en el Perú es cierto que varios partidos políticos para lograr salvar su inscripción recurren a las alianzas electorales entre partidos políticos, pero también es cierto que se presentan muchas dificultades con el papel desempeñado por los partidos políticos en el sistema electoral y en la democracia. Así por ejemplo en la legislación peruana si bien es cierto es obligatoria la presentación de documentos en los cuales se encuentren los procesos de "democracia interna" por el que se decidió postular a determinados candidatos, no es menos cierto que actualmente esta situación también constituye un gran problema en la calificación de las candidaturas presentadas ante los Jurado Electorales Especiales, pues en el ordenamiento peruano se regula que las organizaciones políticas deben llevar a cabo procesos de democracia interna pero no existe fiscalización, o participación obligatoria de los organismos electorales en la realización efectiva de ésta. Así, en la Resolución N° 0277-2016-JNE, de 16 de marzo de 2016, se puede apreciar un largo proceso jurisdiccional de unos candidatos al Congreso de la República que alegaban haber sido elegidos en las elecciones internas para poder presentarse como candidatos a las elecciones al Congreso. Se aprecia en los hechos de esta resolución —que en su momento generó bastante seguimiento mediático— la presentación de varias actas del proceso de primarias. Quizá esta situación cambie con los nuevos proyectos que se vienen debatiendo sobre participación activa o fiscalización de la democracia interna de los candidatos en el marco de los procesos electorales (Anteproyecto de Código Electoral del 2016 realizado por el JNE)[103].

Otro argumento para una sobrerregulación de requisitos para poder postular a elecciones a través de partidos políticos, por ejemplo, sería el de la sobrefragmentación del Congreso; sin embargo de forma breve podría señalarse que ello no se salva o resuelve impidiendo a los ciudadanos hacer uso de instrumentos como los partidos políticos, u otras organizaciones políticas, para poder presentarse a elecciones, sino con otros mecanismos restrictivos como la valla electoral.

---

[103]   Puede consultarse este Anteproyecto de Código Electoral en www.portal.jne.gob.pe/Archivos/Anteproyecto.pdf (última consulta el 20 de mayo de 2017).

Finalmente como comentario adicional a la necesidad de fortalecimiento de los partidos políticos y la no posibilidad en la legislación electoral peruana de agrupaciones ciudadana de electores, podemos mencionar que si consideramos que los partidos políticos son asociaciones privadas que contribuyen al fortalecimiento democrático y permiten la postulación de las personas que deseen presentarse a elecciones, la solución probablemente no vaya por el aumento de requisitos para la conformación e inscripción de nuevos partidos políticos como el aumento de la cantidad de firmas de adherentes al 4%, pues a la fecha existen partidos políticos que no cuentan con representación en el Congreso y sin embargo sí se hallan en el Registro de Organizaciones Políticas del JNE, quizá podría exigirse para que éstos tengan una presencia activa y que no sólo se valgan de su asiento registral, otros requisitos más participativos como por ejemplo el requerimiento de avales para presentarse a elecciones, pues el contar con una determinada cantidad de firmas de los electores que avalen unas postulaciones implica la aceptación ciudadana y promoción de una cultura cívica participativa. Lo anterior es sólo un comentario ante las nuevas propuestas presentadas en el ordenamiento electoral en aras de propiciar la participación política de los ciudadanos, lo cual contribuye al fortalecimiento del sistema democrático y electoral.

En línea con la exigencia de algunos requisitos ya no generales sino como expresión de sobrerregulación para la participación política a través del derecho de sufragio pasivo está la exigencia del artículo 42 de la LOP, incorporado polémicamente por la Ley N° 30414, de 17 de enero de 2016, Ley que modifica la Ley N° 28094, Ley de Organizaciones Políticas[104], pues se trata de una regulación referida a la propaganda electoral en período de campaña, regulación que se dio en pleno proceso de elecciones del 2016, lo cual generó una gran cantidad de observaciones y expedientes a nivel jurisdiccional en el JNE. El caso de mayor repercusión fue el del César Acuña, candidato a la Presidencia de la República del Perú, quien según los sondeos de las encuestas se hallaba en el tercer lugar de las preferencias electorales como se vio en la descripción del actual contexto peruano en

---

[104] Ley de Organizaciones Políticas.

Artículo 42 Las organizaciones políticas, en el marco de un proceso electoral están prohibidas de efectuar la entrega, promesa u ofrecimiento de dinero, regalos, dádivas u otros obsequios de naturaleza económica, de manera directa o a través de terceros, salvo aquellos que constituyan propaganda electoral, en cuyo caso no deberán exceder del 0.5% de la UIT por cada bien entregado como propaganda electoral.

Esta conducta se entiende como grave y será sancionada con una multa de 100 UIT que será impuesta por la Oficina Nacional de Procesos Electorales (ONPE) en un plazo no mayor de 30 días.

Dicha prohibición se extiende a los candidatos a cualquier cargo público de origen popular, y será sancionado por el Jurado Nacional de Elecciones con la exclusión del proceso electoral correspondiente.

(...)"

el presente trabajo. Con la modificación incorporada se hace referencia a una prohibición para las organizaciones políticas —prohibición extendida a los candidatos— de no poder efectuar entrega, promesa u ofrecimiento de dinero, regalos, dádivas u otros obsequios de naturaleza económica de manera directa o a través de terceros, salvo aquéllos que constituyan propaganda electoral, en cuyo caso no deberán exceder del 0.5% de la UIT (aproximadamente 5 euros) por cada bien entregado como propaganda electoral. Es decir, esta prohibición incorporaba una restricción a la forma de hacer propaganda electoral a la organización política y a los candidatos participantes de un proceso electoral.

Sobre el particular, se señaló que la modificación aprobada tenía por finalidad el salvaguardar que la propaganda electoral sea realizada conforme a los principios de igualdad y equidad así como que las votaciones traduzcan la expresión auténtica, libre y espontánea de los ciudadanos (FJ 15 Resolución N° 024-2016-JEE-LC1/JNE, de 3 de marzo de 2016) y que la incorporación del artículo 42 de la LOP no significa la modificación de reglas sustanciales del proceso electoral (FJ 19 Resolución N° 196-2016-JNE, de 8 de marzo de 2016), y finalmente que el candidato César Acuña había incurrido en la conducta prohibida toda vez que prometió y ofreció dinero en un acto proselitista. Finalmente se resolvió por la exclusión del candidato del proceso electoral.

Si bien en la resolución N° 196-2016-JNE el máximo órgano de justicia electoral no realizó examen alguno o juicios de proporcionalidad, sí hizo referencia al principio de "seguridad jurídica" y que el artículo 42 de la LOP no suponía una variación de los requisitos o impedimentos que se deben cumplir para postular, ni de los requisitos que las organizaciones políticas deben respetar para la formalización de la inscripción de sus listas de candidatos, por lo que no se habría visto afectado el derecho de sufragio pasivo.

Como podemos apreciar esta fue otra de las resoluciones que generaron bastante controversia en el reñido proceso electoral peruano del 2016. Finalmente sólo podemos mencionar que no había duda de la calidad o condición de "candidato" (candidato no inscrito y luego candidato inscrito) producto de la democracia interna de la agrupación política que patrocinaba la postulación. Y si bien la resolución halla fundamento en el principio de seguridad jurídica y que la exclusión del candidato era por infracción a reglas de una campaña electoral en el que ya se había ejercido la posibilidad de presentarse a elecciones, pues ya se contaba con la condición de candidato; podemos sólo mencionar que en nuestro marco referencial señalábamos que el derecho de sufragio pasivo implicaba no sólo la posibilidad de ser candidato sino también la posibilidad de ser declarado electo; en fin muchas interrogante y debates aún quedan pendientes, lo único real fue que en el proceso electoral dicha normativa generó una gran cantidad de expedientes jurisdiccionales, situación que en general generaba crítica por la demora en las resoluciones así como incertidumbre frente a la proximidad del día de elecciones.

También podemos comentar algunas jurisprudencias relacionadas con los requisitos de discriminación positiva regulados en el ordenamiento electoral peruano. Como señalara el JNE, el establecimiento de las cuotas electorales no obedece o se circunscribe a un mandato de carácter legal, sino fundamentalmente constitucional, pues "con las cuotas electorales se pretende promover, de manera inclusiva, el ejercicio de los derechos de participación política de determinados grupos sociales históricamente marginados, en condiciones de igualdad material" (FJ 3 de la Resolución N° 694-2014-JNE, de 19 de julio de 2014). Generalmente en los procesos electorales municipales y regionales el cálculo de las cuotas electorales o su no consideración en las listas presentadas por las organizaciones políticas, conduce a la declaración de improcedencia de las solicitudes de inscripción de listas de candidatos.

Actualmente con la regulación de la cuota indígena (cuota de comunidades nativas, comunidades campesinas y pueblos originarios) se presentan inconvenientes con su aplicación, diferente a la cuota de género o cuota joven cuya probanza queda calificada con la constatación del DNI. Por el contrario, señala el JNE en la Resolución N° 869-2014-JNE, de 25 de julio de 2014, para la probanza o acreditación de la denominada cuota indígena, el Estado peruano aún no ha desarrollado los instrumentos idóneos que faciliten la identificación de aquellos ciudadanos que invoquen la condición de nativo, comunero o miembro de un pueblo originario, de ahí que en la actualidad el sistema electoral en su conjunto no cuenta con un padrón electoral que contenga dicha información. Lo descrito se debe, además, a que la calidad de miembro de una comunidad nativa, campesina o de pueblo originario no se sustenta siempre a un dato objetivo contenido en el DNI (sexo o edad), sino que al ser esta cuota de una naturaleza distinta, es decir, étnica o de pertenencia a un grupo social minoritario, su asunción es subjetiva, es decir, de autoidentificación (FJ 3 Resolución N° 869-2014-JNE).

Similar situación sucede, tanto en las elecciones municipales como en las de nivel regional y congresal, con el requisito de la presentación de Declaraciones Juradas de Hojas de Vida a la hora de solicitar la inscripción de listas de candidatos. En el ordenamiento electoral peruano, conforme a lo previsto en el artículo 23 de la LOP los candidatos que postulen a cargos de elección popular, sea que participen o no en elecciones internas, están obligados a presentar una Declaración Jurada de Hoja de Vida. Los datos que contiene esta Declaración son, entre otros: los datos personales, la experiencia laboral, la formación académica, los cargos partidarios, las renuncias efectuadas a otros partidos, movimientos de alcance regional o departamental u organizaciones políticas de alcance provincial y distrital, la relación de sentencias condenatorias firmes impuestas al candidato por delitos dolosos, la que incluye las sentencias con reserva de fallo condenatorio; la relación de sentencias que declaren fundadas las demandas interpuestas contra los candidatos por incumplimiento de obligaciones familiares o alimentarias, contractuales, laborales o por incurrir en violencia familiar, que hubieran quedado firmes; y de ser el caso y realizar la declaración de bienes y rentas, de acuerdo con las disposiciones previstas para los funcionarios públicos.

Generalmente esta compleja Declaración Jurada de Hoja de Vida causa la generación de expedientes jurisdiccionales por errores materiales, por omisiones de información, por falsedad, y por tachas presentadas por ciudadanos ante observaciones que puedan hallar a las Declaraciones. Así el JNE señalaba en la Resolución N° 968-2014-JNE, de 20 de julio de 2014, que las tachas constituyen un mecanismo a través del cual los ciudadanos, en pleno ejercicio de sus derechos, colaboran con el Sistema Electoral en el ejercicio de fiscalización y control de los requisitos, impedimentos y datos consignados por los ciudadanos que se presentan como candidatos en un proceso electoral. Asimismo refería en la mencionada Resolución que los Jurados Electorales Especiales y el JNE, en virtud de la competencia y deber constitucional antes señalado, "se encuentran legitimados para excluir, de oficio, a un candidato, de detectarse que incluyó información falsa en su declaración jurada de vida, o que incurrió en otra causal de exclusión (por incumplimiento de requisitos o supuestos de impedimentos de candidatura) prestablecida en la ley" (FJ 10 Resolución N° 968-2014-JNE).

Esta posición estricta de calificación de las listas y su declaración de improcedencia o exclusión del proceso electoral ante las observaciones de requisitos como la Declaración Jurada de Hoja de Vida, pareciera ser la línea jurisprudencial en aplicación de la normativa electoral; sin embargo también hallamos resoluciones fundamentadas en la permisión de los requisitos y consideración a la voluntad popular como detentor del sufragio activo para con los candidatos que ejercen el derecho de sufragio pasivo. Así en la Resolución N° 2368-2014-JNE, de 4 de septiembre de 2014, se resuelve la apelación de una lista de candidatos a nivel municipal que había sido declarada improcedente en la primera instancia por haber copiado el plan de gobierno de otra organización política y por ende se había argumentado que dicho requisito no se había cumplido. Finalmente en la Resolución del JNE señaló que la primera instancia electoral no debió calificar si el Plan de Gobierno era o no un plagio, pues "es responsabilidad de la población cuestionar y sancionar políticamente a aquellas organizaciones políticas que presenten planes de gobierno presuntamente plagiados de otros, escuetos, poco claros en su presentación, carentes de orden o que contengan propuestas irrealizables, entre otros" (FJ 4 Resolución N° 2368-2014-JNE). Como apreciamos en esta Resolución el razonamiento final se hallaría en la promoción de la participación política y en la consideración de la voluntad popular como decisor de si alguien debe gobernarlo o representarlo.

Más allá de la diversa jurisprudencia que podría comentarse en este apartado, debemos señalar que se ha seleccionado sólo algunas que nos permiten reflejar el contexto actual electoral peruano: un contexto en el que se presentan frecuente carga de expedientes jurisdiccionales a nivel electoral generalmente por observaciones de incumplimiento de requisitos necesarios para el ejercicio del sufragio pasivo; situación que genera lentitud en los procesos jurisdiccionales y las decisiones de la entidad electoral. Esta situación respondería a varios factores, como una legislación electoral dispersa, una débil formación en temas técnicos electorales de las organizaciones políticas, un uso y aparente abuso de la figura de la "tacha" ante las listas presentadas, incursión de nuevas organizaciones políticas que presentarían desconocimientos de temas reglamentarios electorales, la poca difusión de las líneas jurisprudenciales por parte de la máxima entidad electoral, Jurados Electorales Especiales conformados sólo para los procesos electorales y cuyos integrantes desconocerían el ordenamiento y jurisprudencia electoral, sobrerregulación de requisitos, entre otros. Parece pues que los siguientes apartados que versarán sobre la función educativa electoral se hallarán muy relacionados con este contexto de problemática del sufragio pasivo en el ordenamiento electoral peruano.

1.4. Normativa que regula la asistencia educativa electoral.

En la redacción del artículo 177 de la Constitución peruana se señala que el sistema electoral está conformado por tres instituciones constitucionalmente autónomas: el Jurado Nacional de Elecciones (JNE), la Oficina Nacional de Procesos Electorales (ONPE) y el Registro Nacional de Identificación y Estado Civil (RENIEC). Ahora bien, se aprecia que la redacción de *sistema electoral* por parte de la Constitución peruana confunde *sistema electoral, administración electoral y derecho electoral,* pues por sistema electoral, tal como se ha visto en el marco referencial, debe entenderse al conjunto de reglas para la expresión de las preferencias electorales, las reglas que permiten que estos votos puedan verse reflejados en escaños o cargos gubernamentales. A lo que en realidad hace referencia el artículo 177 de la Constitución peruana es a la *Administración electoral,* a los órganos electorales de esta Administración especial.

Es en esta *Administración electoral,* como parte de los estudio del *Derecho Electoral,* en el que se inscribe el papel del Jurado Nacional de Elecciones como organismo constitucionalmente autónomo de competencia nacional cuya función principal es la de administrar justicia en materia electoral[105].

---

[105] Su máxima autoridad es el Pleno, integrado por cinco miembros que son elegidos en

"El JNE desarrolla sus funciones orientadas hacia tres líneas de acción:
Transformación política.- Como institución líder en materia electoral, el JNE busca promover iniciativas vinculadas a los cambios que el sistema político actual requiere para fortalecer la democracia en nuestro país.
Gobernabilidad democrática.- El JNE promueve la construcción de lazos que disminuyen el distanciamiento entre el Estado, en sus distintos niveles, y la sociedad, facilitando una mayor cohesión social para la estabilidad democrática.
Gestión electoral.- El JNE implementa acciones y herramientas vinculadas al funcionamiento del Sistema Electoral, para desarrollar sus funciones de una manera más eficaz y eficiente"(JNE, 2017).

Respecto a las funciones del Jurado Nacional de Elecciones, a nivel constitucional, éstas se hallan en el artículo 178 de la Constitución peruana. La primera función o competencia del JNE es la de "fiscalizar la legalidad del ejercicio del sufragio y de la realización de los procesos electorales, del referéndum y de otras consultas populares, así como también la elaboración de los padrones electorales". Se aprecia pues que una de sus funciones principales está relacionada con la fiscalización del ejercicio del derecho de sufragio. Una segunda función es la de "mantener y custodiar el registro de organizaciones políticas", para lo cual el JNE cuenta con un Registro de Organizaciones Políticas[106]. Otra función es la de "velar por el cumplimiento de las normas sobre organizaciones políticas y demás disposiciones referidas a materia electoral", que será desarrollado por la LOE, por la LOP, por la Resolución N° 208-2015-JNE, de 6 de agosto de 2015, Reglamento del Registro de Organizaciones Políticas, y otros reglamentos dados por el JNE. La cuarta función señalada en el texto constitucional es la "administrar justicia en materia electoral", la cual en el artículo 36 de la LOE, se señala que contra las resoluciones del Jurado Nacional de Elecciones, en materia electoral, no procede recurso alguno ni acción de garantía ni acción ante el Tribunal Constitucional; lo cual ha sido materia en el ámbito jurídico constitucional de controversia y discusión. Una quinta función señalada en la Constitución peruana es la de "proclamar a los candidatos elegidos". Finalmente, en este artículo de la Constitución peruana se abre la posibilidad de

---

diferentes instancias; su Presidente es elegido por la Sala Plena de la Corte Suprema del Poder Judicial; los miembros son elegidos, uno por la Junta de Fiscales Supremos, uno por el Colegio de Abogados de Lima, uno por los Decanos de las Facultades de Derecho de las Universidades Públicas y uno por los Decanos de las Facultades de Derecho de las Universidades Privadas (artículo 179° de la Constitución Política del Perú de 1993).

[106] El Registro de Organizaciones Políticas (ROP) y sus funciones se hallas desarrollados a nivel legislativo por el art. 4 de la LOP; y a nivel reglamentario por la Resolución N° 0208-2015-JNE, de 6 de agosto de 2015, Reglamento del Registro de Organizaciones Políticas.

desarrollo constitucional al referirse sobre las competencias del JNE con "las demás que la ley señala".

Como se aprecia, en el texto constitucional no se hace referencia expresa a una función educativa por parte del JNE. Por lo cual, con la redacción del art. 178 de la Constitución peruana "las demás que la ley señala" debemos remitirnos al art. 5 de la Ley 26486, de 21 de junio de 1995, Ley Orgánica del Jurado Nacional de Elecciones (LOJNE). En la redacción de este artículo se hace mención básicamente a las funciones señaladas en la Constitución peruana, y algunas de carácter organizativo, administrativo y presupuestario. En el literal "x" de este artículo se hacía referencia a "programas de educación electoral"[107], que mediante Ley 29688, de 20 de mayo de 2011, Ley que modifica la Ley 26859, Ley Orgánica de Elecciones; se amplió y modificó por el siguiente texto,

> Artículo 5°.- Son funciones del Jurado Nacional de Elecciones:
> x. Desarrollar programas de educación electoral que permitan crear conciencia cívica en la ciudadanía. Para tal efecto, puede suscribir convenios con los colegios, universidades y medios de comunicación.
> Esta función es ejercida de manera permanente e ininterrumpida, sin perjuicio de lo dispuesto por los literales h) y ñ) del artículo 5 de la Ley 26487, Ley Orgánica de la Oficina Nacional de Procesos Electorales.
> La Escuela Electoral y de Gobernabilidad es el órgano de altos estudios electorales, de investigación, académico y de apoyo técnico al desarrollo y cumplimiento de los objetivos del Jurado Nacional de Elecciones. Organiza cursos de especialización en materia electoral, de democracia y gobernabilidad. Su implementación no irroga gasto público distinto al previsto en su presupuesto. El Pleno aprueba su reglamento.
> (Literal modificado por el Artículo 3° de la Ley 29688, publicada el 20/05/2011).

Apreciaremos en el desarrollo de los siguientes apartados de nuestro estudio que los programas de educación electoral —entre ellos la asistencia educativa electoral, desarrollados en razón a la normativa que afecta entre otros el ejercicio del derecho de sufragio pasivo— son sustentados principalmente por la redacción de esta prescripción normativa. Ahora bien, por la redacción normativa que acabamos de observar, pareciera que la función educativa es llevada a cabo por el JNE a través de la Escuela Electoral y de Gobernabilidad (ESEG), sin embargo apreciaremos más

---

[107] Redacción derogada del literal x, del artículo 5 de la Ley Orgánica del Jurado Nacional de Elecciones:

x. Desarrollar programas de educación electoral que permitan crear conciencia cívica en la ciudadanía. Para tal efecto podrá suscribir convenios con los colegios, universidades y medios de comunicación. Esta función no será ejercida durante los procesos electorales.

adelante que en los documentos y normativa interna del JNE que el órgano interno que tiene un papel relevante en el desarrollo de esta función educativa es la Dirección de Educación y Formación Cívica Ciudadana (DNEF), quizá con mayor responsabilidad que la ESEG, que básicamente se constituirá como un órgano de línea a cargo de la formación académica. Ello lo veremos en los siguientes apartados.

Al focalizarse nuestro trabajo en el Jurado Nacional de Elecciones, y no en los otros dos organismos relacionados con los procesos electorales —ONPE y RENIEC—, podemos señalar que si bien la función principal del JNE es la de administrar justicia en materia electoral, realiza otras que coadyuvan al logro de su función principal como es el caso de la función educativa. En el Perú, comentando de manera breve, algunos autores proponen respecto a una clasificación de las funciones de los organismos electorales, que estas pueden resumirse en: jurisdiccional, normativa o reglamentaria, educativa o pedagógica, fiscalizadora, administrativa electoral, operativa o de logística electoral, y elaboración del padrón electoral. Según esta clasificación funcional, las cinco primeras serían desarrolladas por el JNE, la función operativa o de logística de los procesos electorales por la ONPE, y la función de elaboración del padrón electoral por el RENIEC[108]. Aunque como veremos más adelante la función educativa no será exclusiva del JNE.

El JNE al regular sus diversas actividades como parte de su función educativa habla de una "educación cívica". Como apreciamos ello resulta un término muy amplio que implica diferentes procesos, por lo cual abordaremos un aspecto más concreto: la asistencia educativa electoral. Hemos considerado referirnos al constructo "asistencia educativa electoral" y no "asistencia técnica educativa" — concepto que implica la asesoría, capacitación y evaluación (Garay & Bórquez, 2014; Maldonado, Escalona, & Sepúlveda, 2009)— porque éste nos permitirá mayor margen de estudio de las actividades del JNE como parte de sus funciones educativas, y podrá ser identificado como parte de la "educación cívica y electoral" de aquellos organismos electorales que tienen funciones educativas (ACE The Electoral Knowledge Network, 2013), que para el presente estudio no sólo implicará las actividades de la DNEF sino además de la ESEG.

Finalmente, por función educativa[109] del JNE entendemos los diferentes procesos que afectan las conductas de las personas para la promoción de una ciudadanía activa que participe en los asuntos públicos del país, procesos que se hallarán orientados a la consolidación del sistema democrático, la gobernabilidad y la gobernanza; mientras

---

[108] Pueden consultarse documentos como los de Congreso de la República del Perú (2002) o Falconi (2002).

[109] Por lo general en Latinoamérica la justicia está electoral está a cargo de organismos constitucionales creados para tal fin. Algunos de estos organismos electorales tienen además funciones educativas y cuentan con un órgano de línea que se avoca a ello, tales como el caso de Perú, México, Costa Rica, entre otros.

que por asistencia educativa electoral entendemos, en específico, los programas y actividades de concientización del votante y de educación electoral para la promoción de la participación política —como sería en nuestro trabajo la promoción del sufragio pasivo—, por ello la asistencia educativa electoral se hallaría relacionada con políticas orientadas a públicos concretos.

2. Ámbito Organizacional

A partir de las diferentes políticas o programas que desarrolla el JNE en base a su función educativa, podemos señalar entonces que al hablar de esta función haríamos referencia a una función de "educación cívica electoral"; educación cívica entendida como las actividades y procesos que promueven tanto el aprendizaje como la práctica de valores, principios cívicos, constitucionales, democráticos, políticos-electorales, dirigido a la ciudadanía en general a través de diversos programas o proyectos —como el Programa Voto Informado—. Ahora bien, en esta función educativa se hallaría la "asistencia educativa electoral", dirigida tanto al personal interno como a grupos focalizados, y sobre todo grupos participantes dentro de los procesos electorales, que haría referencia más a temas técnicos electorales, e implicaría acciones más concretas como la capacitación a los principales actores involucrados en un proceso electoral en particular.

En ordenamientos electorales latinoamericanos referidos a las funciones del organismo electoral se opta por denominaciones de función de educación cívica electoral como en México, Costa Rica o Perú. Ahora bien, en este trabajo se optó por abordar sólo un aspecto de la función educativa atribuida a los organismos electorales. El aspecto puntual que se estudia y al que dadas sus características hemos denominado "asistencia educativa electoral", pues como se mencionó en el planteamiento del problema, se pretende abordar específicamente las políticas o programas concretos llevados a cabo durante los procesos eleccionarios, en nuestro caso los referidos a la promoción del derecho de sufragio pasivo.

En el contexto peruano y de países latinoamericanos en general se justifica que los organismos electorales lleven a cabo una función educativa pues sus sociedades han convivido en el siglo pasado con gobiernos dictatoriales y con organismos debilitados por estos gobiernos, incluyendo en ellos a los electorales. Ello hizo necesario que junto a las funciones de administración de justicia también se haya optado por funciones de educación que promuevan ciudadanía y participación política; y en general una cultura política basada en valores constitucionales, democráticos, participativos, entre otros. Como lo señalara Magre y Martínez (2005) una cultura política "ha de versar sobre un conjunto de sumamente amplio de disposiciones actitudinales, contempladas siempre con una perspectiva colectiva y atendiendo tanto a las pautas mayoritarias como a las de los grupos relevantes" (p. 286); y es en esta situación que a través de diversos programas se promueve la participación política y una educación cívica dentro de la cultura política peruana. Para llevar adelante su función educativa el Jurado Nacional de Elecciones contaría en su estructura organizativa con la Dirección Nacional de Educación y Formación Cívica Ciudadana y la Escuela Electoral y de Gobernabilidad.

2.1. Rol de la Dirección Nacional de Educación y Formación Cívica Ciudadana del JNE.

En la LOJNE se señala en su art. 2 que la función esencial del JNE es velar por el respeto y cumplimiento de la voluntad popular manifestada en los procesos electorales. Como ya vimos en el apartado anterior, en esta Ley en su art. 5 se desarrolla las diferentes funciones del JNE, y en el literal x) de este artículo se señala que una de sus funciones es la de desarrollar programas de educación electoral que permitan crear conciencia cívica en la ciudadanía.

A partir de este apartado haremos mayor hincapié en la normativa y documentación interna desarrollada en relación a la función educativa. Según el Reglamento de Organización y Funciones (ROF) del JNE, actualizado con Resolución N° 1-2016-JNE, de 4 de enero de 2016, se señala en su art. 6 las diferentes funciones que realiza en los diferentes ámbitos —jurisdiccional, fiscalizador, educativo, normativo, administrativo y registral—. En el ámbito educativo señala este documento que las funciones educativas del JNE son:

> 12. Desarrollar y difundir, de manera permanente e ininterrumpida, programas de educación cívica electoral y en otras materias afines, orientadas a fortalecer los valores democráticos y crear conciencia cívica en la ciudadanía;
> 13. Establecer relaciones con instituciones públicas o privadas, nacionales o extranjeras, a fin de proponer convenios, desarrollar actividades y eventos académicos en materia cívica electoral y de interés institucional;
> 14. Desarrollar programas de capacitación y educación electoral, dirigidos a los funcionarios y servidores del Jurado Nacional de Elecciones, de los Jurados Electorales Especiales, así como de otros organismos públicos y privados que lo requieran;
> 15. Absolver las consultas de carácter general que le formulen los miembros de los Jurados Electorales Especiales, los organismos del Sistema Electoral y otras entidades públicas y privadas, en materia de legislación electoral y jurisdiccional;
> 16. Desarrollar proyectos de investigación y estudios relativos a democracia, gobernabilidad, participación ciudadana, conciencia cívica, política y ética social, políticas públicas, transparencia de la gestión pública, legitimidad electoral y otros aspectos temáticos de interés institucional.

El ROF del JNE señala que la Dirección Nacional de Educación y Formación Cívica Ciudadana es el órgano de línea que depende de la Dirección Central de Gestión Institucional, encargado de planificar, organizar, dirigir, coordinar, controlar y ejecutar las actividades de educación electoral y formación cívica ciudadana, orientadas al fortalecimiento de la democracia y la gobernabilidad (art. 75 ROF), asimismo señala que es el órgano de mayor jerarquía en el tema de educación electoral (art. 76 ROF).

En este documento se señala de manera más pormenorizada las funciones de esta Dirección,

> Artículo 77: Las funciones de la Dirección Nacional de Educación Electoral y Formación Cívica Ciudadana, son las siguientes:
>
> 1. Planificar, organizar, dirigir, coordinar y controlar el cumplimiento de las políticas, objetivos, estrategias, metas, funciones y acciones institucionales, en el ámbito de su competencia;
>
> 2. Formular y ejecutar el Plan Operativo de la Dirección Nacional y proponer su presupuesto en coordinación y de acuerdo a los procedimientos establecidos por los órganos competentes;
>
> 3. Formular y proponer planes y programas de educación cívica y electoral, así como de otras materias afines, orientadas a fortalecer los valores democráticos y crear conciencia cívica en la ciudadanía;
>
> 4. Formular y proponer planes y programas de capacitación electoral en coordinación con los órganos correspondientes de la Institución, dirigidos a los funcionarios y servidores del Jurado Nacional de Elecciones y de los Jurados Electorales Especiales, así como también a los organismos que lo requieran;
>
> 5. Formular y proponer planes y programas orientados al análisis y debate de temas electorales, de democracia, gobernabilidad y asuntos políticos.
>
> 6. Identificar oportunidades de vinculación con instituciones públicas o privadas, nacionales o extranjeras, con la finalidad de implementar convenios en coordinación con la Oficina de Cooperación y Relaciones internacionales; además de, desarrollar actividades y eventos académicos en materia cívica electoral y de interés institucional;
>
> 7. Administrar las actividades y servicio del Centro de Documentación e Información Cívica Electoral, así como mantener actualizado el material bibliográfico;
>
> 8. Administrar las actividades y servicios del Museo Electoral y ejecutar eventos de difusión del material histórico que conserva el Jurado Nacional de Elecciones;
>
> 9. Elaborar, difundir y distribuir materiales pedagógicos para la formación en educación cívica y electoral, en el marco de la ejecución de los planes y programas respectivos;
>
> 10. Proponer al órgano competente, proyectos de inversión pública, asi como proyectos de educación cívica electoral, capacitación y otros en materia de su competencia a ser financiados con recursos de las fuentes cooperantes;
>
> 11. Supervisar la custodia y el buen estado del acervo documentario, equipamiento, mobiliario y materiales de trabajo, asignados a la Dirección Nacional;
>
> 12. Proponer al órgano competente, las políticas, normas, directivas, procedimientos y demás instrumentos de normativa interna en el ámbito de su competencia, que se requieran para el mejor desempeño de sus funciones;
>
> 13, Velar por el cumplimiento de los objetivos específicos de su competencia, establecidos en el Plan Estratégico Institucional del Jurado Nacional de

Elecciones y, ejecutar y supervisar el cumplimiento de los proyectos de su competencia;
14. Realizar otras funciones afines a su competencia que le asigne la Dirección Central de Gestión Institucional.

Apreciamos que de manera detallada el JNE ha encomendado la función educativa a través de diversas actividades a la DNEF. A partir de esta regulación interna la participación de la DNEF resulta crucial en la planificación, elaboración e implementación de políticas educativas que entre otros conduzcan a la promoción de la participación política, así como ser un vínculo entre la ciudadanía en general y la entidad electoral. El papel de la DNEF será importante sobre todo porque sus actividades se hallarán dirigidas como veremos más adelante —al ver las actividades de asistencia relacionadas con la promoción del sufragio pasivo— a grupos particulares que requieren mayor presencia y participación política, así como a las organizaciones políticas y sociedad civil en general.

2.2. *Rol de la Escuela Electoral y de Gobernabilidad del JNE.*

Como vimos, según la LOJNE, en su literal x del artículo 5 se señala que una de las funciones del JNE es desarrollar programas de educación electoral que permitan crear conciencia cívica en la ciudadanía. Para ello además de la DNEF se contaría con una Escuela Electoral y de Gobernabilidad; un órgano de altos estudios electorales, de investigación, académico y de apoyo técnico al desarrollo y cumplimiento de los objetivos del Jurado Nacional de Elecciones. Esta Escuela organiza cursos de especialización en materia electoral, de democracia y gobernabilidad y al igual que la DNEF depende de la Dirección Central de Gestión Institucional del JNE (art. 52 del ROF del JNE). Resulta interesante apreciar que este órgano de línea tiene mención expresa en la propia LOJNE, a través de una modificación por la Ley 29688, de 20 de mayo de 2011, que modificó la redacción del literal x del artículo 5.

Ahora bien, respecto a las actividades que desarrolla la ESEG, apreciamos en el ROF las siguientes:

Artículo 53° Las funciones de la Escuela Electoral y de Gobernabilidad, son las siguientes:
1. Planificar, organizar, dirigir, coordinar y controlar el cumplimiento de las políticas, objetivos, estrategias, metas, funciones y acciones institucionales, en el ámbito de su competencia;
2. Formular, proponer y ejecutar el Plan Operativo de la Escuela Electoral y de Gobernabilidad y proponer su presupuesto en coordinación y de acuerdo a los procedimientos establecidos por los órganos competentes;

3. Desarrollar eventos de formación académica de alto nivel vinculados a la formación política, electoral y de gobernabilidad, fomentando y promoviendo la realización de masters, diplomados, cursos, talleres, seminarios, charlas y otros certámenes académicos en los que se debaten o analicen temas vinculados al fortalecimiento del sistema democrático o cuestiones afines;

4. Identificar y proponer oportunidades de vinculación con instituciones públicas o privadas, nacionales o extranjeras, con la finalidad de implementar convenios, desarrollar actividades y eventos académicos en función a los objetivos y fines de la Escuela Electoral y de Gobernabilidad;

5. Promover, desarrollar y difundir la producción editorial materia de la formación académica a su cargo;

6. Coordinar con el órgano competente, las propuestas de normatividad que requiera la Escuela Electoral y de Gobernabilidad, para el mejor cumplimiento de sus fines y objetivos;

7. Formular y proponer planes y programas de capacitación en materia electoral y de gobernabilidad, en coordinación con los órganos correspondientes de la Institución, dirigidos a los funcionarios y servidores del Jurado Nacional de Elecciones;

8. Formular y ejecutar los proyectos relativos a la investigación académica, indagación, análisis y sistematización de la información de las condiciones de gobernabilidad, democracia, participación ciudadana y otras variables de impacto público y social, existentes en el país;

9. Mantener actualizada la base de datos de las principales variables de impacto político y social existentes en el país, a través del mantenimiento de la información procedente de las diferentes circunscripciones del país;

10. Supervisar la formulación, propuesta y ejecución de los proyectos especiales relacionados con la gobernabilidad, democracia, participación ciudadana y política, que apruebe la presidencia del Jurado Nacional de Elecciones.

11. Aprobar y supervisar la formulación y ejecución de proyectos de investigación en áreas temáticas de gobernabilidad, democracia, participación ciudadana y política y otras de interés para el Jurado Nacional de Elecciones.

12. Custodiar y mantener en buen estado el acervo documentario, equipamiento, mobiliario y materiales de trabajo, asignados al área;

13. Proponer al órgano competente, políticas, normas, directivas, procedimientos y demás instrumentos de normativa interna en el ámbito de su competencia, que se requieran para el mejor desempeño de sus funciones;

14. Realizar otras funciones afines a su competencia que se le asigne la Dirección Central de Gestión Institucional, respetando los niveles jerárquicos correspondientes.

En lo que importa para nuestro estudio, apreciaremos que varias de las actividades que desarrolla la ESEG se hallarán relacionadas con la promoción del sufragio pasivo a través de cursos de asistencia técnica, capacitación e incluso de formación, tanto a los órganos internos del JNE como a organizaciones políticas y grupos de la sociedad civil en general.

3. Ámbito Operativo Objetivo

3.1. Políticas de asistencia educativa electoral en relación al sufragio pasivo.

3.1.1. Contexto actual de las políticas de asistencia educativa electoral

Si bien de los diversos instrumentos normativos y documentos institucionales se aprecia que la Dirección Nacional de Educación y Formación Cívica Ciudadana es el órgano de línea que asume la implementación de los programas[110] de educación cívica electoral, podríamos decir que refiriéndonos al conjunto de actividades educativas en general para la promoción de la participación política, también participaría la Escuela Electoral y de Gobernabilidad, órgano de línea del JNE, que como veremos más adelante si bien se halla vinculado a objetivos de fortalecimiento de la oportuna atención de la Administración Electoral, realiza actividades educativas tal como lo prescribe la Ley Orgánica del Jurado Nacional de Elecciones; aunque a diferencia de la DNEF cuenta con muy poca documentación estratégica así como falta de claridad y planeamiento en los documentos institucionales.

Con la Resolución N° 100-2015-P/JNE, de 22 de septiembre de 2015, se aprobó el Plan Estratégico Institucional 2016-2018 del Jurado Nacional de Elecciones. En dicho documento se señala respecto a la educación cívica en general —dentro de la cual se hallan las actividades de asistencia educativa electoral— que uno de los objetivos estratégicos de la Institución —cuyo responsable es la DNEF— es el "contribuir a mejorar la educación cívica ciudadana en los diversos espacios sociales del país" (Objetivo Estratégico 3); para este objetivo señala como indicadores la cobertura provincial y regional de los programas de educación ciudadana así como el porcentaje de satisfacción de los participantes de los programas de educación ciudadana. Para ello las acciones estratégicas institucionales señaladas son "ciudadanos que reciben los servicios de los programas de educación y formación cívica ciudadana" (Acción estratégica N° 10), "mejorar los programas de formación y educación cívica ciudadana" (Acción estratégica N° 11), y mejorar los programas de

---

[110] Más allá de los constructos teóricos de políticas, programas, planes y proyectos; utilizaremos en el estudio los términos "política" y "programa". El término "política" cuando hagamos referencia a las *policies* en general que se infieran o se mencionen en los documentos institucionales del JNE, y el término "programa" cuando nos encontremos frente a un conjunto de actividades y prioridades actuales de una *policy* que se hallen bajo esta denominación en la información documental del JNE.

asistencia técnica para la promoción de la participación política (Acción estratégica N° 12).

Tabla 7

Articulación Estratégica. Objetivos y Acciones estratégicas relacionadas con la función de educación cívica ciudadana del JNE

Objetivos y Acciones Estratégicas	Indicadores	Fuente de Datos	Fuente de verificación	Responsable del Indicador
Objetivo Estratégico N° 3: Contribuir a mejorar la educación cívica ciudadana en los diversos espacios sociales del país.	3.1. Cobertura provincial de los programas de educación ciudadana.	Registro de asistencias físicas.	Informe. Reporte.	Dirección Nacional de Educación y Formación Cívica Ciudadana.
	3.2. Cobertura regional de los programas de educación ciudadana.	Registro de asistencias físicas.	Informe. Reporte.	
	3.3. Porcentaje de satisfacción de los participantes de los programas de educación ciudadana.	Encuesta de satisfacción de clientes.	Informe.	
Acción Estratégica N° 10 (del Objetivo Estratégico N° 3): Ciudadanos que reciben los servicios de los programas de educación y formación cívica ciudadana.	10. Porcentaje de ciudadanos que reciben el servicio de los programas de educación y formación cívica ciudadana respecto a lo programado.	Documentos de gestión.	Informe. Reporte.	
Acción Estratégica N° 11(del Objetivo Estratégico N° 3): Mejorar los programas de	11. Porcentaje de programas mejorados.	Documentos de gestión.	Informe.	

formación y educación cívica ciudadana.			
Acción Estratégica N° 12 (del Objetivo Estratégico N° 3): Mejorar los programas de asistencia técnica para la promoción de la participación política.	12. Porcentaje de programas de asistencia técnica mejorados.	Documentos de gestión.	Informe.

Fuente: Elaboración propia con base en información del Plan Estratégico Institucional 2016-2018 del Jurado Nacional de Elecciones.

Ahora bien, revisando el documento Plan Operativo Institucional[111] (POI) 2016 del JNE, aprobado por Resolución N° 115-2015-P/JNE, de 21 de octubre de 2015, observamos respecto a la asistencia educativa electoral en el 2016, un año en el que se dieron elecciones generales, varios programas llevados a cabo por la DNEF y la ESEG que consideramos se hallan relacionados con una asistencia educativa electoral que promueve la participación política en general, y dentro de esta con especial interés la del sufragio pasivo.

En el POI 2016 del JNE se señala que la Dirección Nacional de Educación y Formación Cívica Ciudadana, es el órgano encargado de planificar, organizar, dirigir, coordinar, controlar y ejecutar las actividades de educación electoral y formación ciudadana, habiendo proyectado actividades que corresponden a los programas de Voto Informado, Gobernabilidad, Escuelas y Valores Democráticos, Mujer e Inclusión Ciudadana, Jóvenes Electores, así como de soporte; orientados al logro de los Objetivos Institucionales Estratégicos "Contribuir a mejorar la educación cívica ciudadana en los diversos espacios del país" (Plan Operativo Institucional JNE, p. 12). Asimismo, respecto a la Escuela Electoral y de Gobernabilidad, se señala que

---

[111] El Plan Operativo Institucional refleja las metas presupuestarias que se esperan alcanzar para cada año fiscal y constituye un instrumento administrativo que contiene los procesos a desarrollar a corto plazo, precisando tareas necesarias para el cumplimiento de las metas presupuestarias así como la oportunidad de su ejecución (numeral 3 del art. 71 del Texto Único Ordenado de la Ley N° 28411, Ley General del Sistema Nacional de Presupuesto, aprobado mediante Decreto Supremo N° 304-2012-EF), este documento toma como base la información generada en el Plan Estratégico Institucional, y desagregar las acciones estratégicas identificada en el Plan Estratégico Institucional en actividades para un determinado tiempo (art. 18 de la Directiva N° 1-2014-CEPLAN, Directiva General del Proceso de Planeamiento Estratégico).

como órgano de altos estudios electorales y de investigación, programa actividades que corresponden a los programas de Escuelas Especializadas, estudios avanzados, formación en democracia e investigación y publicaciones; orientadas al logro del Objetivo Estratégico Institucional "fortalecer la oportuna atención de la Administración Electoral". En general, entre los programas llevados a cabo por la DNEF, principalmente tenemos:

- Elaboración de publicaciones de nuevo material bibliográfico.
- Investigación sobre la historia electoral en el Perú.
- Exposiciones permanentes y temporales en la sede del JNE.
- Exposiciones itinerantes en instituciones o centros educativos.
- Proyecto Virtual de Museo Electoral y de la Democracia.
- Convocatoria y capacitación del Programa Voluntariado del JNE.
- Acciones públicas educativas de diferentes organizaciones en apoyo a las actividades de la DNEF.
- Desarrollo de Programas de formación educativa en materia cívica electoral dirigida a jóvenes, mujeres e indígenas.
- Desarrollo de programas de asistencia técnica en materia cívica electoral dirigida a las organizaciones políticas.
- Desarrollo de programas de formación educativa en materia cívica electoral y mecanismos de gestión dirigido a las autoridades locales y regionales.
- Desarrollo de programas de formación educativa en materia cívica electoral dirigida a instituciones educativas.
- Producción de materiales educativos y publicaciones para las actividades de la DNEF y sus programas.
- Desarrollo de actividades educativas virtuales.

Ahora, si bien al solicitar la documentación relacionada con los programas realizados por la ESEG se obtuvo como repuesta que no existe documentación actual de planeamiento —o sea un Plan Nacional de este órgano de línea que contenga los objetivos estratégicos del mismo—, podemos hallar los diferentes programas que realiza tanto en el POI 2016 como en su web. Mencionaremos a continuación las actividades que consideramos se hallan relacionadas con una asistencia educativa para la promoción de la participación política en general, referidos al sufragio activo, sufragio pasivo y otros por parte de la ESEG, que principalmente son de formación académica:

- Programa de Altos Estudios Electorales y de Gobernabilidad.
- Maestría en Estudios Políticos Aplicados.
- Cursos de especialización.
- Programa de Escuelas Especializadas.

- Escuela Especializada para Líderes y autoridades.
- Escuela Especializada para Jueces y Fiscales Electorales.
- Escuela Especializada para personeros.
- Programa de Fortalecimiento Democrático.
- Cátedra Democracia.
- Seminarios Internacionales.
- Curso de Derecho Electoral.
- Martes Electorales.
- Congreso.
- Programa de Investigaciones Académicas.
- Revista Electoral.
- Publicación Cátedra.
- Publicación Memoria del Congreso.

Antes de comenzar a hablar de las políticas o programas vinculados con la asistencia educativa electoral en relación al sufragio pasivo, es preciso señalar que se presentaría en los documentos institucionales falta de claridad y orden en relación a las funciones y actividades encomendadas tanto a la DNEF como a la ESEG. Así pues, en el ordenamiento electoral se señala que el JNE desempeña una función Educativa, y se realiza una mención expresa en la Ley Orgánica del JNE a la ESEG, lo cual podría generar confusión de si la ESEG es el órgano más importante dentro de estas actividades educativas o de si sus actividades también deben considerarse como educativas junto a la DNEF. De una interpretación sistemática sería lo segundo.

Revisando los documentos institucionales se encontró mención expresa a que la DNEF es el órgano de línea de mayor jerarquía en materia educativa, pues a la vez se aprecia que tanto la DNEF como la ESEG son órganos de línea dependientes de la Dirección Central de Gestión Institucional. Ahora bien, en el Planeamiento Estratégico se apreciaría que las actividades de la DNEF estarían encaminadas al logro del Objetivo Institucional Estratégico "Contribuir a mejorar la educación cívica ciudadana en los diversos espacios del país", en el que expresamente se señala que la DNEF es el responsable de este objetivo, y esta prescripción se halla también expresada en Plan Operativo Institucional 2016; sin embargo del actual Plan Estratégico Institucional no hallamos referencia alguna a la responsabilidad encomendada a la ESEG. Recién en el Plan Operativo Institucional 2016 hallamos que las actividades de la Escuela Electoral y de Gobernabilidad se hallan orientadas al logro del Objetivo Estratégico Institucional "fortalecer la oportuna atención de la Administración Electoral", objetivo cuyo responsable es el área de "Servicios al Ciudadano del JNE" y por ende alejado de los objetivos educativos de la DNEF.

Esto último genera confusión y poca claridad, pues las actividades relacionadas con el objetivo de fortalecimiento de la oportuna atención de la Administración Electoral se hallan más vinculadas con la satisfacción y comunicación con los administrados que con funciones educativas en puridad. En general y adelantándonos un poco a las conclusiones de nuestro estudio es pertinente mencionar que a nivel de documental así como de planeamiento de las acciones educativas, la DNEF contaría con mayor organización y claridad así como transparencia. Por el contrario la ESEG si bien por la difusión web no hay duda de las actividades que viene realizando no se presentaría transparencia y organización documental y poca claridad en los documentos de planeamiento institucional del JNE en el que sí se destaca el rol de la DNEF.

Ante este contexto de dos dependencias que realizan actividades educativas en el JNE y de que en los documentos institucionales se presenta poca claridad en lo relativo a temas de coordinación y objetivos comunes —a pesar de que por el portal web y las noticias institucionales se conoce de actividades conjuntas que tendrían por fin los objetivos educativos —, se decide tratar en el presente estudio por separado las políticas de asistencia educativa vinculadas a la DNEF y las de la ESEG, a partir de la documentación analizada.

3.1.2. Políticas de asistencia educativa electoral de la DNEF relacionadas con el sufragio pasivo.

Mediante Resolución N° 110-2016-P/JNE, de 19 de julio de 2016, se aprobó el Plan Nacional de Educación y Formación Cívica Ciudadana 2016-2019, cuya implementación fue encargada a la Dirección Nacional de Educación y Formación Cívica Ciudadana. En dicho documento se hace mención a la promoción de la participación política así como a la representación de grupos excluidos. Las líneas de trabajo del Plan están orientadas básicamente a la promoción de la participación política, al sufragio activo y sufragio pasivo.

Ahora bien, las líneas de trabajo de la DNEF son: línea de asistencia técnica, línea formativa, línea de difusión y línea de investigación e innovación. La línea formativa así como la de investigación de la DNEF involucran actividades relacionadas con la participación política en general, valores democráticos, valoración de instituciones, y con diversos públicos objetivos que van desde organizaciones políticas, ciudadanos, escolares, entre otros; ahora bien, apreciamos que algunas de estas actividades académicas son llevadas a cabo también por la ESEG.

A continuación resumiremos las líneas de trabajo vinculadas con actividades para la promoción del sufragio pasivo. Así en la línea de asistencia técnica nos encontramos con acciones concretas que buscan mejorar la calidad del sistema democrático a través de la capacitación y acompañamiento. Esta asistencia técnica sería brindada principalmente al nuevo personal que se incorpora a las diferentes áreas o direcciones del JNE y a las organizaciones políticas en diversas materias de normativa electoral y herramientas técnicas.

Tabla 8

Descripción de la línea de asistencia técnica de la DNEF-JNE

Línea	Descripción	Características	Objetivos	Acciones generales
Línea de asistencia técnica	Acciones específicas orientadas a generar capacidades para la competencia política-electoral que contribuya a mejorar la calidad del sistema democrático. Se da por medio de la capacitación y el acompañamiento.	- Atención a una necesidad o demanda específica. - Asistencia de carácter temporal, de manera programada, a solicitud o a iniciativa de la DNEF. - Se ajusta a los diagnósticos y necesidades de la organización. - Contenidos conceptuales claros y adecuados a los objetivos de la asistencia, según la especialización del tema y	Capacitar en herramientas técnicas especializadas para el ejercicio de la participación política en los públicos objetivos del Plan.	- Elaboración de diagnósticos sobre el estado de participación política electoral en la estructura, organización y normatividad de los públicos objetivos del Plan. - Diseño y presentación de líneas de trabajo dirigidas a los públicos objetivos del Plan en materia de participación política.
			Promover las prácticas de democracia interna en los públicos objetivos del Plan.	- Elaboración de diagnósticos sobre el estado de participación política electoral en la estructura, organización y normatividad de las

público objetivo.	organizaciones políticas.
	- Acompañamiento al desarrollo de instrumentos y acciones que incentiven la democracia interna en las organizaciones políticas.
Promover la adopción de los enfoques participativos e inclusivos al interior de los públicos objetivos del Plan.	- Desarrollo de propuestas de plan de trabajo para la adopción de los enfoques inclusivos en las estructuras de las organizaciones consideradas como públicos objetivos del Plan que implica tanto organizaciones políticas como de la sociedad civil.

Fuente: Elaboración propia con base en información del Plan Nacional de Educación y Formación Cívica Ciudadana 2016-2019.

En cuanto a la línea formativa nos encontramos también con acciones que buscan mejorar la calidad del sistema democrático y electoral, básicamente a través de jornadas, cursos o materiales educativos que promueven la participación política y el involucramiento de la ciudadanía en general.

Tabla 9

Descripción de la línea formativa de la DNEF-JNE

Línea	Descripción	Características	Objetivos	Acciones generales
Línea formativa	Una línea de trabajo amplia. Para efectos del estudio, serán consideradas las acciones vinculadas a la promoción de la participación política.	- Atención a una necesidad identificada. - Puede ser a solicitud o a iniciativa de la DNEF. - Empleo de sistemas de seguimiento y evaluación. - Cognitivo, adquisición de conocimientos por parte del público objetivo.	Fortalecer las capacidades ciudadanas.	- Diseño y elaboración de módulos y herramientas educativas. - Diseño y presentación de objetivos de trabajo dirigidos a los públicos objetivos del Plan en materia de participación política.
			Promover el ejercicio efectivo de la participación política por parte del público objetivo.	- Desarrollo de sesiones presenciales. - Diseño, ejecución y asistencia en espacios formativos virtuales.

Fuente: Elaboración propia con base en información del Plan Nacional de Educación y Formación Cívica Ciudadana 2016-2019.

En cuanto a la línea de investigación e innovación nos encontramos también con acciones que buscan mejorar la calidad del sistema democrático y electoral a través de las evaluaciones a los programas desarrollados por la DNEF, lo cual permitirá respecto a la promoción del sufragio pasivo contar con nuevas herramientas para el planeamiento futuro de nuevas actividades educativas, así como focalización de temáticas que requieren ser atendidas para el involucramiento ciudadano y su participación política. Esta línea de manera directa o indirecta se relacionaría con el sufragio pasivo.

Tabla 10

Descripción de la línea de investigación e innovación de la DNEF-JNE

Línea	Descripción	Características	Objetivos	Acciones generales
Línea de investigación e innovación	Busca mejorar los procesos de intervención educativa a través de estrategias metodológicas orientadas al logro de resultados e impacto. Permite acompañar los proyectos e iniciativas de participación electoral de la DNEF a través de la asistencia en el diseño, formulación e implementación de los mismos.	- Atención a una necesidad identificada o demanda solicitada. - Procesos de asistencia, asesoría y acompañamiento. - Empleo de sistemas de medición y avance. - Producción académica. - Construcción de marcos teóricos.	Desarrollar estrategias de medición de resultados e impacto de las intervenciones educativas de la DNEF.	- Propuesta y desarrollo de marcos teóricos funcionales a las acciones educativas y electorales de la DNEF. - Propuesta y diseño de estudios cualitativos y cuantitativos para conocer los resultados de las acciones educativas y electorales de la DNEF.
			Producir investigaciones académicas y publicaciones especializadas en temáticas afines a la DNEF.	- Desarrollo de investigaciones académicas en temáticas afines a las funciones

de	la
DNEF.	

Mejorar los procesos de formulación e implementación de los proyectos educativos de la DNEF	- Acompañamiento en el diseño y ejecución de los proyectos educativos de la DNEF.

Fuente: Elaboración propia con base en información del Plan Nacional de Educación y Formación Cívica Ciudadana 2016-2019.

Ahora bien, una vez vistas las líneas de acción vinculadas desde nuestro análisis con el sufragio pasivo, pasaremos a señalar las políticas concretas emprendidas por la DNEF. A partir de los datos del Plan Nacional de Educación y Formación Cívica Ciudadana 2016-2019, documentos internos y la propia web, podemos señalar que la DNEF cuenta con programas que engloban diferentes objetivos generales y acciones de los ejes educativos de la DNEF en relación al sufragio pasivo. Las políticas que describiremos de manera breve son: el Programa para la Igualdad Política, la Política de Asistencia Técnica Electoral a las Organizaciones Políticas, la Política de Asistencia Formativa a la ciudadanía en materia electoral y la Política de Investigación en materia electoral.

Uno de los Programas más relevantes llevados a cabo por la DNEF es el Programa para la Igualdad Política. Este programa de la DNEF, que concentra una gran cantidad de esfuerzos por su actualidad en la agenda electoral, tiene por objetivo la promoción de la inclusión de las mujeres, jóvenes y miembros de comunidades indígenas en la participación de los procesos electorales. Para ello promueve el respeto a las cuotas electorales por parte de las organizaciones políticas. Al ser este un programa estratégico, involucra varias acciones y proyectos para el logro de sus objetivos, los cuales resumimos en el siguiente cuadro.

Tabla 11

Descripción del Programa para la Igualdad Política llevado a cabo por la DNEF-JNE

Programa para la Igualdad Política		
Objetivo del Programa	**Acciones**	**Resultados Esperados**
Incentivar el ejercicio y promoción de la participación política electoral efectiva de mujeres, jóvenes y miembros de comunidades nativas, campesinas y pueblos originarios en los procesos electorales.	- Asistencia técnica en temas electorales a los grupos históricamente excluidos para la promoción de su participación efectiva en los procesos electorales. - Sensibilización ciudadana sobre los derechos políticos de estos grupos así como sobre la importancia de su participación en los procesos electorales a través de cursos, foros, exposiciones itinerantes, y materiales didácticos educativos destinados a la población en general. - Actividades de incidencia pública y de articulación con entidades y organizaciones aliadas para el desarrollo de acciones conjuntas con relación a la igualdad de	Institucionalización de instancias o instrumentos que aseguren el respeto, inclusión y valoración de mujeres, jóvenes y miembros de comunidades indígenas en los procesos electorales.

oportunidades en la participación en procesos electorales, como planificación de cursos, campañas o intervenciones públicas en eventos, pasacalles, ferias ciudadanas, entre otros.

Fuente: Elaboración propia con base en información del Plan Nacional de Educación y Formación Cívica Ciudadana 2016-2019.

A partir de las acciones educativas en los procesos electorales, la información documental de la propia web de la DNEF y los documentos de planeamiento tenemos que una de las políticas de la DNEF es la de asistencia técnica a las organizaciones políticas. Esta asistencia técnica involucra una serie de acciones que se corresponden con los objetivos generales del Plan de Educación de la DNEF y el objetivo estratégico del JNE referido a su función educativa; principalmente la asistencia técnica abordará temas de actualidad relacionados con la normativa electoral, el manejo de herramientas virtuales relacionados como medios para postular como ejemplo el llenado de la Declaración Jurada de Hoja de Vida, la promoción de plataformas virtuales —como el INFOgob[112], entre otros que permiten la gobernabilidad y la mejora de la calidad del sistema democrático. Asimismo en esta política de asistencia técnica, la DNEF brinda asistencia electoral, así como la realización de actividades de promoción para la realización de elecciones internas, a las organizaciones políticas de los candidatos a presentarse en los procesos electorales. A continuación un resumen de las acciones que implicaría esta política educativa.

---

[112] INFOgob es una plataforma que brinda bases de datos electorales como: hojas de vida de candidatos, historial partidario de candidatos y de la localidad, padrón electoral, elecciones (generales, regionales, municipales, complementarias, revocatorias, y referéndum), incidencias electorales, planes de gobierno, permanencia en el cargo de autoridades y la participación de la sociedad civil de las diferentes regiones, provincias y distritos. Puede consultarse www.infogob.com.pe.

Tabla 12

Descripción de la Política de Asistencia Técnica a las Organizaciones Políticas llevada a cabo por la DNEF-JNE

Política de Asistencia Técnica Electoral a las Organizaciones Políticas		
Objetivos Específicos	**Acciones**	**Resultados Esperados**
- Capacitar en herramientas técnicas especializadas para el ejercicio de la participación política.	- Implementación de programas de asistencia técnica. - Acompañamiento.	- 85% a 100% de implementación de programas de asistencia técnica.
- Promover prácticas de democracia interna en las organizaciones políticas.	- Promoción de prácticas y normas de democracia interna en las organizaciones políticas.	- 3 a 5 organizaciones políticas.

Fuente: Elaboración propia con base en información del Plan Nacional de Educación y Formación Cívica Ciudadana 2016-2019.

A partir de los documentos relacionados con la educación cívica del JNE podemos señalar otra política de la DNEF: la política de asistencia formativa a la ciudadanía en materia electoral. Esta política involucra una serie de acciones, que se corresponden con los objetivos generales del Plan de Educación de la DNEF y el objetivo estratégico educativo del JNE. Si bien la política de formación involucra varios objetivos de educación cívica y dirigida a varios públicos objetivos, con la mención de esta política de la DNEF hacemos referencia a los proyectos de formación vinculados con la promoción de la participación política por parte de actores interesados en presentarse a elecciones.

Tabla 13

Descripción de la Política de Asistencia Formativa llevada a cabo por la DNEF-JNE

Política de Asistencia Formativa a la ciudadanía en materia electoral		
Objetivos Específicos	**Acciones**	**Resultados Esperados**
Promover el ejercicio efectivo de la participación política.	- Cursos, talleres y jornadas de aprendizaje en materia electoral dirigidos a integrantes de organizaciones políticas, sociales y público en general.	- Incremento de 20 a 30% en el nivel de participación en los espacios políticos por parte del público objetivo.
Generar planes de desarrollo de competencias.	- Programas intensivos de formación y desarrollo de competencias.	- 6 a 12 planes de desarrollo de competencias.

Fuente: Elaboración propia con base en información del Plan Nacional de Educación y Formación Cívica Ciudadana 2016-2019.

Finalmente, otra de las políticas llevadas a cabo por la DNEF sería la Política de Investigación en materia electoral, que permite a los ciudadanos que desean hacer ejercicio de su derecho de sufragio pasivo el acceso de información actual y relevante en materia electoral. Esta información obtenida con la política de investigación en materia electoral es importante para el mismo JNE, pues podrá ser utilizada por sus diversas dependencias y para sus diferentes funciones. Las acciones básicas de esta política es la publicación de documentos relacionados con los temas de ciudadanía y participación política en procesos electorales pasados, asimismo publicaciones relacionadas con la medición de los resultados o evaluaciones realizadas a los programas o actividades educativas concretas desarrolladas por la DNEF.

Tabla 14

Descripción de la Política de Investigación en Materia Electoral llevada a cabo por la DNEF-JNE

Política de Investigación en Materia Electoral		
Objetivos Específicos	**Acciones**	**Resultados Esperados**
Promover el acceso a información relevante en materia electoral.	- Publicación de documentos relacionados con los temas de ciudadanía y participación política en procesos electorales pasados. - Publicaciones relacionadas con la medición de los resultados y evaluaciones realizadas a los programas o actividades educativas concretas desarrolladas por la DNEF.	- Publicaciones periódicas (No se señalan metas).

Fuente: Elaboración propia con base en información del Plan Nacional de Educación y Formación Cívica Ciudadana 2016-2019.

3.1.3. Políticas de asistencia educativa electoral de la ESEG relacionadas con el sufragio pasivo.

Si bien la ESEG no contaría con un documento de planeamiento estratégico interno; de la documentación institucional del JNE, así como de documentación genérica (publicaciones) de la ESEG podemos apreciar una política de formación —académica— en materia electoral dirigida a diversos actores políticos y de la sociedad civil, así como a los operadores de la administración interna del JNE. Esta política formativa se daría a través de programas concretos que involucran actividades que directamente se hallan vinculados con la promoción de la participación política electoral a través del sufragio pasivo.

Uno de los Programas llevados a cabo por la ESEG es el "Programa de Altos Estudios Electorales y de Gobernabilidad". Este Programa desarrolla la política formativa a través de actividades académicas dirigidas a las organizaciones políticas, los grupos de la sociedad civil, actuales autoridades, funcionarios y ciudadanía en general interesados en temas de democracia, gobernabilidad, política positiva, y en general temas del ordenamiento electoral.

Tabla 15

Descripción del Programa de Altos Estudios Electorales y de Gobernabilidad llevado a cabo por la ESEG-JNE

Programa de Altos Estudios Electorales y de Gobernabilidad		
Objetivo del Programa	**Acciones**	**Resultados Esperados**
Ofrecer productos académicos de posgrado y de especialización al más alto nivel en temas electorales, comunicación política, democracia y gobernabilidad.	- Maestría en Estudios Políticos Aplicados con mención en Gobernabilidad, Gestión y Estudios Electorales, en convenio con la Universidad de Piura. - Máster en Gobernabilidad y Procesos Electorales, en convenio con el Instituto Universitario de Investigación Ortega y Gasset de España. - Diplomado en Política Aplicada, en convenio con la Universidad de Piura. - Diplomado en Justicia y Derecho Electoral. - Cursos de Especialización: Curso de Gestión y Resolución de Conflictos, Curso de Reforma Electoral y Curso de Justicia Electoral.	- Alta inscripción de participantes. No se señala cifras de expectativa. - Constituir al Programa de Altos Estudios Electorales y de Gobernabilidad, como un referente, brindando un espacio académico de debate, investigación y reflexión sobre la

	problemática resultante de los temas analizados, a fin de obtener soluciones que ayuden a mejorar el desarrollo del Estado y su adecuada conducción.

Fuente: Elaboración propia con base en información de los Programas de la Escuela Electoral y de Gobernabilidad consultados en www.eseg.edu.pe

Otro Programa llevado a cabo por la ESEG es el "Programa de Escuelas Especializadas". Este Programa tendría por objetivo el fortalecimiento de capacidades de los diversos actores sociales, políticos y electorales brindándoles una formación especializada; es decir no sólo estaría dirigido la formación en temas concretos a las organizaciones políticas o sociedad civil sino también a las dependencias o áreas internas del organismo electoral, pues debemos tomar en cuenta que para cada proceso electoral se realiza una masiva contratación de personal, lo cual requiere de capacitación especializada. Así algunos destinatarios de este Programa son las autoridades políticas y personeros de las organizaciones políticas; pero también son los fiscalizadores de la Dirección de Fiscalización y Procesos Electorales del JNE, los miembros del Pleno de los Jurados Electorales Especiales y su personal jurisdiccional, entre otros.

Tabla 16

Descripción del Programa de Escuelas Especializadas llevado a cabo por la ESEG-JNE

Programa de Escuelas Especializadas		
Objetivo del Programa	**Acciones**	**Resultados Esperados**
Fortalecer las capacidades de los diversos actores sociales, políticos y electorales brindándoles una formación	- Escuela Especializada para Líderes y Autoridades. - Escuela Especializada para Jueces Electorales. - Escuela Especializada para	- Participación activa y asistencia de todos los destinatarios a la jornada académica

| **especializada a través de una metodología didáctica que combina los aspectos teóricos con talleres prácticos, con la finalidad de realizar una adecuada gestión.** | Fiscales Electorales.

- Escuela Especializada en temas de Justicia Electoral.

- Escuela Especializada para Fiscalizadores.

- Escuela Especializada para Personeros, en el marco del proceso electoral. | de especialización. |

Fuente: Elaboración propia con base en información de los Programas de la Escuela Electoral y de Gobernabilidad consultados en www.eseg.edu.pe

Dentro de la política formativa de la ESEG otro Programa desarrollado es el "Programa de Fortalecimiento Democrático". Este Programa a diferencia del Programa de Altos Estudios Electorales y de Gobernabilidad involucra actividades de corta duración y con mayor frecuencia y participación de la sociedad en general; por ello su objetivo es el brindar formación y conocimientos en temas electorales a la ciudadanía en general.

Tabla 17

Descripción del Programa de Fortalecimiento Democrático llevado a cabo por la ESEG-JNE

Programa de Fortalecimiento Democrático		
Objetivo del Programa	**Acciones**	**Resultados Esperados**
Brindar formación y conocimientos en temas electorales, gobernabilidad y democracia a la ciudadanía.	- Cátedra Democracia Perú "Domingo García Rada". - Seminarios Internacionales. - Curso de Derecho Electoral, en convenio con Universidades. - Martes Electorales. - Conferencia Derecho y Justicia Electoral. - Ciclo de Conversatorios, en	- Incremento de participantes e involucramiento de los mismos en las diversas actividades. No se señala metas pues al ser actividades periódicas no

convenio con el Instituto de Estudios Peruanos - Congreso de Derecho Electoral.	habría mínimos de participantes. Incluso algunas de estas actividades se desarrollan en instantánea tanto de forma presencial como transmisión en vivo por los medios virtuales.	

Fuente: Elaboración propia con base en información de los Programas de la Escuela Electoral y de Gobernabilidad consultados en www.eseg.edu.pe

En la línea de esta política formativa también se encuentra un Programa muy focalizado y que tiene una gran relación con la promoción de la participación política a través del sufragio pasivo: el "Programa Fortalecimiento de Capacidades de Líderes para la Democracia y la Gobernabilidad". Este Programa tiene por objetivo la formación y fortalecimiento de capacidades de los principales líderes políticos y de la sociedad civil que aspiren a ocupar cargos públicos así como los que tengan influencia en la vida pública del país.

Tabla 18

Descripción del Programa de Fortalecimiento de Capacidades de Líderes para la Democracia y Gobernabilidad llevado a cabo por la ESEG-JNE

Programa de Fortalecimiento de Capacidades de Líderes para la Democracia y Gobernabilidad		
Objetivo del Programa	**Acciones**	**Resultados Esperados**
Contribuir con la formación y fortalecimiento de líderes políticos, sociales o gestores con influencia en determinado sector de la sociedad, comprometidos con el proceso de construcción democrática, desarrollo gobernabilidad, así como la inclusión	- Curso "Líderes Políticos: fortalecimiento de capacidades en líderes para la democracia y la gobernabilidad".	- 30 líderes participantes.

contexto actual en el que se desarrollan las sociedades.

Fuente: Elaboración propia con base en información de los Programas de la Escuela Electoral y de Gobernabilidad consultados en www.eseg.edu.pe

La ESEG también contaría, al igual que la DNEF, con una política investigativa, pues desarrolla un "Programa de Investigaciones Académicas". Este Programa tiene por objetivo la realización de trabajos de investigación en materia electoral y a través de la publicación de los mismos se contribuye con nueva información o con información organizada que se halle al alcance de la ciudadanía y de los principales actores involucrados en el ámbito político electoral, lo cual permite contar con herramientas para la participación política.

Tabla 19

Descripción del Programa de Investigaciones Académicas llevado a cabo por la ESEG-JNE

Programa de Investigaciones Académicas		
Objetivo del Programa	Acciones	Resultados Esperados
Fomentar la realización de investigaciones de calidad, referidas a la democracia, gobernabilidad y demás temas afines a la materia electoral, cuya finalidad es contribuir con la comunidad académica y aportar al debate sobre el fortalecimiento de la democracia, a través de la publicación respectiva.	- Propuestas de investigación. - Fondos para investigación. - Publicaciones de estudios.	- Publicaciones para el Fondo Editorial del JNE.

Fuente: Elaboración propia con base en información de los Programas de la Escuela Electoral y de Gobernabilidad consultados en www.eseg.edu.pe

3.1.4. Otras políticas o programas de influencia indirecta para el sufragio pasivo

Como hemos observado a lo largo de la segunda parte de nuestro estudio, estas políticas o programas están relacionadas con la promoción de la participación política, permitirían la participación e involucramientos de ciudadanos interesados en presentarse a elecciones, sea que actualmente participen de organizaciones políticas, tengan un papel relevante en la sociedad civil organizada o pertenezcan a grupos históricamente excluidos de la vida política peruana; y en todo caso estas políticas y programas permitirían también a los interesados en presentarse a elecciones el contar con herramientas, con información, con formación que les posibilite la concreción de su candidatura, pues muchos de los temas electorales permitirán conocer entre otros las líneas jurisprudenciales del JNE, instrumentos técnicos, así como información básica referida a reglamentos y leyes electorales.

Ahora bien, además de las políticas y programas mencionados en los puntos anteriores, se presentarían otros cuyo objetivo se halla vinculado con la educación cívica en general pero que indirectamente permitiría contar con herramientas a los ciudadanos interesados en presentarse a procesos eleccionarios. Así, la DNEF desarrolla un programa estratégico denominado "Programa Voto Informado" cuyo objetivo se halla vinculado con el sufragio activo, a través de la promoción de una actitud de responsabilidad ciudadana de informarse acerca de los candidatos. Este Programa permitiría indirectamente a través de la publicidad de las hojas de vida de los candidatos, programas de gobierno, entre otros, que los demás candidatos, sociedad civil, organizaciones políticas y medios de comunicación puedan plantear observaciones al ejercicio del sufragio pasivo de un candidato o una lista de candidatos si se aprecia en la información pública alguna observación respecto a algunos requisitos o condiciones del sufragio pasivo (dimensión objetiva). Esto se daría una vez que se ha dado a trámite o resuelto la inscripción liminar de las candidaturas, pues una vez sucedido ello se da la publicidad de la información relevante destinada a la ciudadanía en general.

De otro lado, el JNE cuenta con una iniciativa denominada "INFOgob", un proyecto que analiza las condiciones de gobernabilidad y de participación ciudadana, con el fin de fortalecer la vigilancia a través de su rol educativo. Este proyecto está dirigido a los ciudadanos y a operadores políticos, tales como las organizaciones políticas, los candidatos y autoridades electas, los organismos electorales y analistas políticos; así como a otros organismos públicos y privados y a las organizaciones de la sociedad civil, quienes pueden beneficiarse de la información brindada. En el contexto del ejercicio del sufragio pasivo, estas bases de datos podrán permitir al igual que en el caso anterior plantear observaciones respecto a los candidatos de un proceso electoral; y también a los candidatos conocer mejor fenómenos políticos y tendencias del comportamiento electoral de los votantes en procesos pasados.

Finalmente consideramos que también merece mención una nueva política emprendida por la ESEG, y es la de un canal de televisión del JNE, pues este permitiría a la ciudadanía en general poder estar al tanto de la reformas electorales así como de temas en materia electoral actual, lo cual promueve que el ejercicio del sufragio pasivo no presente dificultades en los procedimientos administrativos, como sería el caso de las improcedencias o inadmisibilidades, así como de previsibilidad de justicia electoral.

3.1.5. Indicadores de evaluación de las políticas.

Respecto a la evaluación de los Programas en los documentos institucionales se hace poca mención. Ahora bien, al no ser el objeto principal de nuestro estudio, señalaremos de manera breve y resumida los indicadores de evaluación de los programas de la DNEF y la ESEG a partir de documentos institucionales como el POI, en el que se aprecia que dicha evaluación se relacionaría más con los productos o resultados de las políticas ejecutadas.

Así los Programas de la DNEF buscan un impacto en el 70% de regiones del país, y que al menos el 70% de los participantes se hallen satisfechos, para lo cual utilizaría básicamente instrumentos como encuestas, reportes e informes del personal de esta Dirección. Al ser la DNEF el órgano de línea a cargo principalmente de la función educativa del JNE el impacto de sus Programas se relacionan con la mayor cantidad de ciudadanos posible y con una cobertura de todas las regiones del país.

Tabla 20

Indicadores de Evaluación de los Programas de la Dirección Nacional de Educación y Formación Cívica Ciudadana

Indicadores de Evaluación de los Programas de la Dirección Nacional de Educación y Formación Cívica Ciudadana				
Objetivo Específico	Actividad (Programa)	Productos, resultados	Indicadores de Evaluación	Fuentes de información y medios para la evaluación
Contribuir a mejorar la educación cívica ciudadana en los	Programas de Educación Ciudadana.	- - 18 regiones beneficiadas (de las 25). - - 70% de las regiones reciben	- Porcentaje de regiones en los que se desarrolla los Programas de Educación	- Reportes. - Informes. - Encuestas.

| diversos sociales del país. | | los servicios de los programas de educación ciudadana de la DNEF.
· - 70 % de los participantes encuestados validan positivamente los Programas de Educación Ciudadana. | Ciudadana.
- Porcentaje de encuestados que valoran positivamente los servicios de los Programas de Educación Ciudadana. | |

Fuente: Elaboración propia con base en información del POI 2016 del JNE y del Plan Nacional de Educación y Formación Cívica Ciudadana 2016-2019.

Por su parte la ESEG, por medio de sus Programas académicos de política formativa tendría por meta a públicos concretos y focalizados; en tal sentido su evaluación se relaciona con la satisfacción y rendimiento de los participantes de sus Programas.

Tabla 21

Indicadores de Evaluación de los Programas de la Escuela Electoral y de Gobernabilidad

Indicadores de Evaluación de los Programas de la Escuela Electoral y de Gobernabilidad				
Objetivo Específico	**Actividad (Programa)**	**Productos, resultados**	**Indicadores de Evaluación**	**Fuentes de informació n y medios para la evaluación**
Contribuir a elevar el nivel de la formación académica de los ciudadanos en temas electorales, democracia y	Programa de Altos Estudios Electorales y de Gobernabilid ad.	- 250 alumnos matriculados. - 175 alumnos aprobados. - 70% de los alumnos que acuden al 80% de las clases son aprobados en el Programa.	- Porcentaje de capacitados que se sienten satisfechos con la formación recibida en el Programa.	- Encuestas. - Listados.
	Programa de Escuelas	- 265 alumnos matriculados.	- Porcentaje de alumnos	- Registros de notas.

gobernabili dad.	Especializada s.	- 186 alumnos aprobados. - 70% de los alumnos que acuden al 80% de las clases son aprobados en el Programa.	aprobados en el Programa.	- Listados de asistencia.
	Programa de Fortalecimien to Democrático.	- 450 alumnos capacitados. - 315 alumnos satisfechos con el Programa. - 70% de los alumnos que acuden al 80% de las clases son aprobados en el Programa.	- Porcentaje de capacitados que se sienten satisfechos con la formación recibida en el Programa.	- Encuestas. - Listados de asistencia.

Fuente: Elaboración propia con base en información del POI 2016 del JNE.

3.2. *Valoración de las políticas de asistencia educativa electoral.*

Antes de comentar o valorar las políticas de asistencia educativa electoral, es preciso señalar una observación documental relacionada con el papel de las áreas a cargo de la función educativa. Se aprecia que en los grandes objetivos institucionales del Jurado Nacional de Elecciones señalados en su Plan Estratégico Institucional 2016-2018, en lo referido a la mejora de la educación cívica ciudadana se señala como responsable a la Dirección Nacional de Educación y Formación Cívica Ciudadana, y ni en este objetivo institucional ni en ningún otro se hace mención a la Escuela Electoral y de Gobernabilidad, a pesar de que ésta es considerada como un órgano de línea. Ahora bien, continuando con la revisión del documento Plan Estratégico Institucional 2016-2018, en la sección "acciones estratégicas" en las referidas a los programas de formación y asistencia técnica para la promoción de la participación política se aprecia que esta tiene por responsable a la DNEF, y en ninguna de estas acciones se hace referencia alguna a las acciones encargadas a la ESEG. Es en el Plan Operativo Institucional 2016 del JNE en el que se señala que la ESEG está articulada al Objetivo Estratégico Institucional 5 "Fortalecer la oportuna atención de la Administración Electoral"[113], y desde luego la DNEF al objetivo

---

[113] Las acciones estratégicas del Objetivo Estratégico Institucional N° 5 " Fortalecer la oportuna atención de la Administración Electoral" según el PEI 2016-2018 del JNE son:

estratégico Institucional 3 "Contribuir a mejorar la educación cívica ciudadana en los diversos espacios sociales del país". Pareciera pues de la redacción documental de planeamiento estratégico que la ESEG no se hallaría vinculada con los objetivos de educación, sin embargo de lo analizado en los apartados anteriores y revisión del POI 2016 se apreciaría el papel educativo de la misma.

Habiendo señalado en los primeros apartados el actual contexto del sufragio pasivo en el Perú, y apreciarse algunos problemas relacionados con la calificación de las listas de candidatos, la poca participación de grupos históricamente excluidos, así como algunos debates jurisprudenciales; apreciamos un importante papel del Jurado Nacional de Elecciones a través de sus funciones educativas. Las políticas actuales de educación del organismo electoral que se vienen ejecutando contribuirían no sólo a la promoción de una cultura cívica ciudadana sino también a la promoción de la participación política, la seguridad jurídica electoral, entre otros.

En cuanto a las políticas identificadas que tienen que ver con el sufragio pasivo podemos señalar algunas consideraciones. Políticas como el Programa para la Igualdad Política llevado adelante por la DNEF permite comprender que en el contexto peruano durante muchas décadas se han excluido de la participación política, a través de la presentación en procesos electorales, a grandes grupos del país; nos referimos básicamente a las mujeres, los jóvenes y los miembros de comunidades indígenas. Esta política de promoción de la participación de estos grupos, tanto a nivel interno de las organizaciones políticas como su materialización en la presentación de listas de candidatos en los procesos electorales, contribuye no sólo con la construcción de una cultura política cívica sino además promueve el cumplimiento de las reglas electorales legisladas, y que las organizaciones políticas no incurran en causales de inadmisibilidad o improcedencia en la jurisdicción electoral. De los documentos se ha apreciado que actualmente esta es una de las políticas más focalizadas, que demanda el mayor esfuerzo y mayor cantidad de actividades a la DNEF.

Una política que permite no sólo la promoción del sufragio pasivo sino además la seguridad jurídica electoral es la Política de Asistencia Técnica a las Organizaciones

---

1. Optimizar la gestión de servicios que se brinda a los usuarios interno y externos.
2. Modernizar y reforzar la gestión archivística.
3. Usuarios internos y externos atendidos oportunamente en los servicios que brinda el SC (sic).
4. Fortalecer las competencias requeridas por el personal.
5. Mejorar, habilitar y equipar la infraestructura institucional.
6. Afianzar la modernización tecnológica.
7. Fortalecer la gestión administrativa.
8. Mejorar la gestión de la continuidad y seguridad de la información.
9. Fortalecimiento de la Cooperación Técnica y las Relaciones Internacionales e Interistitucionales.

Políticas; pues en el actual contexto político, las organizaciones políticas tendrían problemas para la comprensión de la normativa electoral y de las herramientas informáticas electorales. Esta situación se evidenciaría por la gran cantidad de listas de candidatos que son declaradas inadmisibles e improcedentes en la calificación realizada por los Jurados Electorales Especiales, ante el incumplimiento de requisitos o errores, como sería la presentación de documentos como el acta de elecciones internas, el llenado de la Declaración Jurada de Hoja de Vida, incumplimiento de requisitos de domicilio o residencia, la no consideración de los porcentajes correspondientes a las cuotas electorales, desconocimiento de normativa electoral y reglamentaria, entre otros. En resumen esta política de asistencia comprendería tanto la implementación como el acompañamiento a los principales órganos partidarios. Ahora bien, es necesario que se dé una evaluación de la implementación de las actividades de esta política de asistencia, pues a la fecha las organizaciones políticas aún incurrirían en las mismas causales comunes de inadmisibilidad o improcedencia de procesos electorales pasados.

En línea con lo anterior; la Política de Asistencia Formativa de la DNEF también permitiría, con la implementación de sus actividades, la participación de la ciudadanía interesada en presentarse como candidatos en las elecciones de cualquier nivel. Esta política resulta importante porque su público sería amplio, pues comprendería tanto a las organizaciones políticas, como a los grupos de la sociedad civil. Esta política a nivel documental se aprecia bien focalizada; sin embargo, dado el poco presupuesto observado en los documentos institucionales, sería necesario la evaluación de esta política en cuanto a su impacto y cobertura. Otra de las políticas importantes que guarda relación con el sufragio pasivo —materia de nuestro estudio— es la Política de Investigación, pues permite a las organizaciones políticas y ciudadanos en general contar con información, datos relevantes y actuales en materia electoral.

Respecto a la ESEG podemos señalar que sus Programas de actuación son fundamentalmente de formación académica, por lo que estarían dirigidos a diversos actores, tanto políticos, sociales, como al propio personal de los demás órganos del Jurado Nacional de Elecciones. Dentro de esto último resulta interesante que uno de los Programas sea el de Escuelas Especializadas dirigidas al personas jurisdiccional, pues como se vio en anteriores apartados se presentarían casos relevantes de interpretación electoral y de creación de líneas jurisprudenciales, lo cual permitirá a los ciudadanos que deseen presentarse a elecciones contar con seguridad jurídica del sentido interpretativo del organismo electoral en determinadas controversias normativas, colisión de derechos, entre otros. Al igual que con las políticas de la DNEF será importante y necesario la realización de evaluaciones a los Programas de la ESEG en relación a su impacto y cobertura.

Es importante señalar que se presentaría avances de planeamiento a nivel documental respecto a los anteriores. Así, la redacción del actual Plan Nacional de

Educación 2016-2019, es más ambicioso, claro y sistemático en comparación con el Plan Nacional de Educación y Formación Cívica Ciudadana 2012-2015; sin embargo el planeamiento no quedaría sólo a nivel de plasmación documental de sus lineamientos, será importante atender a los documentos operativos y la necesidad de realizar evaluaciones a las políticas actuales que desarrolla la entidad electoral —pues a la fecha no se contaría con ello sino sólo con los indicadores de metas señalados en los apartados anteriores (asistencia de participantes, encuestas de satisfacción)—, lo cual permitiría un mejor diagnóstico y planeamiento de las políticas educativas al JNE. Esta necesidad de evaluaciones se refuerza más, si apreciamos que, dado el presupuesto de la entidad electoral, la cobertura o alcance de las políticas mencionadas no sería total. Esta afirmación nace a partir de documentos internos como el Informe de Evaluación del Plan Estratégico Institucional 2011-2015 del JNE —plan anterior al actual—, documento en el que respecto a los objetivos estratégicos de la entidad electoral respecto a las funciones educativas se señala un amplio cumplimiento de metas y alcance de los programas a nivel de regiones mas no así respecto a circunscripciones locales.

4. Ámbito Operativo Subjetivo

4.1. Actores destinatarios de las políticas de asistencia educativa electoral.

Los destinatarios de las políticas de asistencia educativa electoral son principalmente las organizaciones políticas, sociedad civil, autoridades políticas, grupos históricamente excluidos, y ciudadanos en general. Estos grupos destinatarios serán el objetivo principal de las políticas y programas señaladas en el presente trabajo, identificados a partir de documentos internos de planificación de la DNEF y algunos documentos operativos del JNE en el que se señala los destinatarios de la DNEF y de la ESEG. Para una comprensión más concreta de las diferentes políticas y programas y sus destinarios, realizamos la siguiente tabla:

Tabla 22

Actores destinatario de las políticas o programas del JNE de asistencia educativa electoral

Destinatarios de las Políticas o Programas del JNE de asistencia educativa electoral		
Órgano responsable	**Denominación de la política**	**Destinatarios**
Dirección Nacional de Educación y Formación Cívica Ciudadana	Programa para la Igualdad Política	- Mujeres representantes de la sociedad civil. - Mujeres representantes de organizaciones políticas. - Ciudadanas mujeres en general. - Jóvenes representantes de la sociedad civil. - Jóvenes de organizaciones políticas. - Ciudadanos (as) jóvenes en general que tengan entre 18 a 29 años de edad. - Representantes de comunidades nativas. - Representantes de comunidades campesinas. - Representantes de pueblos originarios. - Ciudadanos en general de comunidades nativas, campesinas y pueblos originarios.

	Política de Asistencia Técnica Electoral a las Organizaciones Políticas	- Partidos políticos. - Movimientos Regionales. - Movimientos Locales Provinciales. - Movimientos Locales Distritales. - Alianzas Electorales.
	Política de Asistencia Formativa a la ciudadanía en materia electoral	- Organizaciones sociales. - Medios de comunicación. - Ciudadanos en general.
	Política de Investigación en materia electoral	- Organizaciones políticas. - Autoridades políticas. - Medios de comunicación. - Sociedad civil. - Ciudadanos en general.
Escuela Electoral y de Gobernabilidad	Programa de Altos Estudios Electorales y de Gobernabilidad	- Funcionarios y servidores públicos de Gobiernos Regionales y Gobiernos Locales. - Funcionarios y servidores públicos de los poderes del Estado (Ejecutivo, Legislativo y Judicial). - Funcionarios y servidores públicos de los organismos electorales (Jurado Nacional de Elecciones, Oficina Nacional de Procesos Electorales y Registro Nacional de Identificación y Estado Civil). - Líderes de organizaciones políticas y sociales. - Profesionales involucrados o interesados en temas de derecho electoral. - Ciudadanos en general.
	Programa de Escuelas Especializadas	- Miembros de partidos políticos u organizaciones sociales que aspiren a ocupar cargos públicos. - Miembros activos de comunidades campesinas, nativas, o afrodescendientes. - Ciudadanos de influencia social. - Magistrados del Poder Judicial. - Fiscales del Ministerio Público. - Miembros de los Jurados Electorales

	Especiales y personal jurisdiccional. - Personal de la Dirección Nacional de Fiscalización y Procesos Electorales. - Personeros de las organizaciones políticas.
Programa de Fortalecimiento Democrático	- Funcionarios y servidores públicos de Gobiernos Regionales y Gobiernos Locales. - Funcionarios y servidores públicos de los poderes del Estado (Ejecutivo, Legislativo y Judicial). - Funcionarios y servidores públicos de los organismos electorales (Jurado Nacional de Elecciones, Oficina Nacional de Procesos Electorales y Registro Nacional de Identificación y Estado Civil). - Líderes de organizaciones políticas y sociales. - Profesionales involucrados o interesados en temas de derecho electoral. - Ciudadanos en general.
Programa de Fortalecimiento de capacidades de líderes para la democracia y gobernabilidad	- Miembros de partidos políticos u organizaciones sociales que aspiren a ocupar cargos públicos. - Miembros activos de comunidades campesinas, nativas, o afrodescendientes. - Ciudadanos de influencia social.
Programa de Investigaciones Académicas	- Organizaciones políticas. - Medios de comunicación. - Sociedad civil. - Ciudadanos en general.

Fuente: Elaboración propia con base en información del PEI 2016-2018, Plan Nacional de Educación y Formación Cívica Ciudadana 2016-2019 y POI 2016, del JNE.

Como vimos en la descripción de las políticas y programas del JNE, varios de estos se desarrollan a través actividades concretas que son dirigidas en conjunto a varios de los públicos destinatarios señalados, o a través de actividades dirigidas a cada grupo particular. Así por ejemplo las Escuelas Especializadas se dirigen a cada uno de los destinatarios: curso de formación y capacitación para los miembros de los Jurados Electorales Especiales, curso de formación y capacitación para los personeros de las organizaciones políticas, curso de formación y capacitación para los fiscalizadores de la Dirección de Fiscalización y Procesos Electorales, etc. Y programas como el Programa de Altos Estudios Electorales y de Gobernabilidad es dirigido a diferentes destinatarios: autoridades, líderes de organizaciones políticas, líderes de organizaciones sociales, etc.

Capítulo 6
Discusión y notas

En el ámbito jurídico se ha sistematizado la regulación electoral relacionada con el sufragio pasivo. Se ha descrito también los hechos más relevantes presentados en los últimos años en el Perú relacionados con el ejercicio del derecho de sufragio pasivo. Se ha comentado además algunas líneas jurisprudenciales, en las que se aprecia posiciones que en su momento generaron polémica, debate e incertidumbre en las decisiones jurisdiccionales de tipo electoral. En este ámbito también se ha desarrollado la normativa que regularía la asistencia educativa electoral. Algunos comentarios sobre este ámbito de contextualización jurídica y política han sido manifestados y discutidos en el desarrollo del mismo.

Como se vio en el marco referencial, el sufragio pasivo desde una dimensión objetiva implica no sólo el derecho a ser elegido sino también las diferentes regulaciones o limitaciones a este derecho: cuotas electorales, valla electoral, ciudadanía, etc. por lo que los programas señalados en nuestro estudio son los específicamente referidos al sufragio pasivo, y englobados dentro de una función de asistencia educativa electoral, pues los mismos están encaminados a la formación, capacitación, publicidad, entre otros.

Hemos construido el constructo de asistencia educativa electoral por la especificidad de nuestro estudio, pues el señalar la "función educativa" o "función cívica electoral" hubiera implicado realizar el estudio de las varias políticas que realiza el JNE en el marco de sus actividades educativas. Así por ejemplo actividades como la realización de capacitación a municipios escolares, la del Programa Voto Informado (dirigido a la promoción del sufragio activo a través del voto consciente) y otros que no serían considerados específicamente como de asistencia educativa electoral.

En un primer momento realizamos la contextualización del sufragio pasivo en el Perú a través de los hechos y el ordenamiento electoral pues no se cuenta con estudios precedentes que hayan desarrollado o sistematizado estos alcances de manera ordenada y actual. Asimismo al haber señalado como una de las problemáticas las dificultades de la administración electoral en el proceso de calificación de listas de candidatos (admisibilidad y procedencia) decidimos explorar uno de los probables factores, y este era el cómo se venía desarrollando los programas de asistencia educativa electoral a las organizaciones políticas y ciudadanía en general.

Ahora bien, la función educativa no es exclusiva del JNE, pues la Oficina Nacional de Procesos Electorales, el otro organismo electoral del Perú a cargo de la organización administrativa del proceso electoral, realiza un conjunto articulado de Programas Educativos dirigidos a la ciudadanía en general para su participación activa. Esta educación electoral se halla dirigida a grupos sociales priorizados y en general a la ciudadanía. Cuenta con una gran cantidad de publicaciones en relación a los procesos electorales, sus programas principalmente se dirigen a la promoción del sufragio activo, sobre todo programas de orientación al elector, pero también al sufragio pasivo como asistencia a las organizaciones políticas y programas educativos a las mujeres, jóvenes y pueblos indígenas[114]. De la misma web de la ONPE a diferencia de los portales de la DNEF, ESEG y transparencia del JNE, se aprecia una gran organización de la documentación, diversa documentación que sustenta su función educativa, los diversos planeamientos estratégicos para la implementación de sus actividades de "educación electoral", pero como mencionamos, fundamentalmente sus programas se dirigen al elector como titular del sufragio activo y principalmente en época de elecciones.

Respecto al ámbito organizacional, hemos obtenido a partir del análisis normativo y documental que el JNE contaría con dos órganos de línea para llevar adelante su papel educativo. Dentro de la estructura orgánica del JNE se hallarían en el mismo nivel jerárquico la DNEF y la ESEG, por lo que debieran trabajar de la mano los diferentes programas educativos; pues si bien la DNEF de los diferentes documentos se aprecia que tiene una mayor cantidad de líneas de acción y la ESEG una línea de acción más académica y de investigación, debiera en todo caso precisarse y señalarse con claridad las funciones sobre todo de la ESEG en los documentos institucionales de planeamiento.

En el estudio realizado se ha abordado solamente los programas relacionados con actividades que conduzcan, permitan o aborden aspectos de la participación política a través del sufragio pasivo. Las diferentes políticas y programas llevados a cabo por la DNEF y ESEG en el marco de una asistencia educativa electoral —parte de la función educativa— constituyen instrumentos que permiten a los ciudadanos como titulares de los derechos políticos participen en los diferentes procesos electorales no sólo como electores sino también como candidatos, asimismo constituyen

---

[114] Puede consultarse la documentación de los diversos programas de la ONPE en www.web.onpe.gob.pe/educacion-investigacion/educacion-electoral.

instrumentos de formación tanto para los ciudadanos en general como para la capacitación de los órganos internos del JNE.

Hemos apreciado que el JNE cuenta con un Plan Estratégico Nacional en el cual se hallan sus principales objetivos estratégicos así como las acciones y metas a alcanzar. De igual manera la DNEF cuenta con un Plan Estratégico de Educación para un período razonable de tres años (2016-2019). Se ha apreciado también de la documentación institucional una falta de articulación de los programas de la DNEF y la ESEG así como ausencia de claridad en la correspondencia de objetivos estratégicos del JNE.

Un Plan Estratégico de Educación debe constituir una propuesta que contribuya a la generación de una cultura política en democracia y participativa: que la ciudadanía ejerza activamente sus derechos, en su caso, los derechos políticos. Este planeamiento educativo como herramienta para el desarrollo de las funciones de la entidad electoral requiere de colaboración con los demás organismos electorales, pues como vimos en el Perú serían tres las entidades electorales, asimismo la colaboración debe darse con las organizaciones políticas, con instituciones académicas, y organizaciones de la sociedad civil para contribuir a la promoción de la participación política y al reforzamiento de una cultura democrática.

Como se ha visto en el análisis de los programas de la DNEF y la ESEG estos son focalizados a nivel de impacto nacional, habría que desarrollarse y evaluarse los programas por su implementación y evaluación de impacto en las regiones de acuerdo a las mayores necesidades. Así hemos visto que uno de los principales programas emprendidos por la entidad electoral es el Programa de Igualdad Política, sería importante la realización de evaluaciones a los resultados e impacto de esta política, así como a la asignación de un mayor presupuesto pues como se aprecia del POI 2016 este programa cuenta con una gran cantidad de actividades que podrían verse limitadas ante ello.

Si partimos de que las políticas públicas permiten comprender la forma en que se interviene para enfrentar los problemas públicos, tendremos que el JNE a través de la DNEF ha diseñado de forma conducente las políticas a desarrollar para combatir problemas como la poca participación de las mujeres, la participación de las mujeres en posiciones con posibilidad de ser electas, la poca participación de los jóvenes, la exclusión de los miembros de comunidades indígenas, la falta de asistencia técnica a las organizaciones políticas en temas o procedimientos electorales, entre otros. Por su parte nos parece acertado que la ESEG se enfoque en intervenir en la implementación de programas formativos y de asistencia dirigidos a los líderes de las organizaciones políticas como de las organizaciones sociales, a fin de que puedan participar en elecciones; y que también sus programas formativos se hallen dirigidos a órganos internos de la propia organización, entre ellos la capacitación y formación a los operadores jurisdiccionales que son los que en última instancia tendrán la administración y decisión de la justicia electoral.

Las políticas desarrolladas en nuestro estudio fueron específicamente las que guardaban relación con el sufragio pasivo, pues como se vio a lo largo del trabajo, son frecuentes los problemas de desconocimiento de la normativa electoral por parte de las organizaciones políticas, sociedad civil, así como la baja participación de grupos históricamente excluidos cuya situación en los últimos procesos electorales ha venido cambiando con su mayor participación y elección para cargos públicos.

De otro lado; además de las políticas formativas y de asistencia, debe apreciarse la presencia de políticas de publicación y difusión de conocimientos electorales. Estas políticas serían llevadas adelante tanto por la DNEF como la ESEG; aunque, sería la DNEF quien vendría realizando un mayor trabajo, consolidación de datos, propuestas de mejora, pequeñas evaluaciones de sus programas, entre otros; los cuales son difundidos acertadamente por sus portales de Transparencia. Situación contraria sucede con la ESEG que adolecería de graves problemas de transparencia como de planeamiento.

Hemos apreciado que en general se presenta poca documentación institucional relacionada con las funciones educativas del JNE, pero de la documentación analizada se puede señalar y concluir que efectivamente la entidad electoral lleva adelante varias políticas de asistencia educativa electoral para la promoción de la participación política. Ahora bien, para poder describir y señalar estas políticas, en el estudio fue necesario abordar un ámbito contextual de la realidad normativa presentada en relación al derecho de sufragio pasivo pues no se hallaron estudios de sistematización de la normativa electoral, por ello se realizó una pequeña ordenación de los alcances normativos de limitaciones al sufragio pasivo y descripción de los principales hechos y jurisprudencia relevante en relación al sufragio pasivo, lo cual ocupó varias páginas del presente trabajo, pero que consideramos su necesidad e importancia para poder comprender el porqué de las actuales políticas de asistencia educativa electoral y en general del papel y desafíos actuales de la entidad electoral. Desafíos principalmente relacionados con la consolidación de la democracia, entendida como el fortalecimiento de la ciudadanía a través de la garantía del ejercicio efectivo de sus derechos fundamentales.

Finalmente, si comprendemos que un sistema democrático requiere de legitimidad y confianza, podemos justificar que las políticas y programas en el marco de las funciones educativas del JNE referidas a la promoción de la participación política permiten que los ciudadanos en general conozcan el ordenamiento constitucional y electoral que deben considerar para presentarse a elecciones, las principales reglas del juego dadas por los reglamentos y leyes, así como la promoción de prácticas democráticas, participativas e inclusivas al interior de las organizaciones políticas. A través de la función educativa del JNE no sólo se forma a los ciudadanos para la vida en democracia y su posibilidad de participación sino también a los actores políticos a través de los programas académicos emprendidos. Si bien en este estudio hemos logrado conocer qué programas viene realizando la entidad electoral, y señalar la ausencia o dificultad de claridad en los planeamientos estratégicos institucionales, también debemos señalar que el presente trabajo requerirá de posteriores estudios que involucren el tratamiento de herramientas y análisis de datos cualitativos aplicados a los actores destinatarios de los programas del JNE así como a los operadores de la entidad electoral que nos permitan conocer sus impresiones sobre el desarrollo de la asistencia educativa electoral lo cual nos permita concluir o no en la necesidad de mejoras o reformas al ordenamiento electoral tanto a nivel legislativo como reglamentario.

Capítulo 7
Referencias

1. Referencias Bibliográficas.

Aba, A. (1998). El concepto jurisprudencial de límite de los derechos fundamentales. *Anuario Da Facultade de Dereito Da Universidade Da Coruña, 2*, 13–31.

ACE The Electoral Knowledge Network. (2013). Civic and Voter Education. In *The ACE Encyclopaedia*. ACE Proyect. Retrieved from www.aceproject.org

Aguiar, L. (1993). Los límites de los derechos fundamentales. *Revista Del Centro de Estudios Constitucionales, 14*, 9–34.

Aguilera, M. (2009). Derechos de participación política: El Derecho a ser elector y elegible en las elecciones al Parlamento Europeo y en las Municipales. En J. García & P. Fernández (Eds.), *Integración Europea a través de derechos fundamentales: de un sistema binario a otro integrado* (pp. 589–619). Madrid: Centro de Estudios Políticos y Constitucionales.

Alexy, R. (1993). *Teoría de los Derechos Fundamentales. (Garzón Valdés, Ernesto)*. Madrid: Centro de Estudios Constitucionales (original publicado en 1986).

Alonso García, E. (1984). *La interpretación de la Constitución*. Madrid: Centro de Estudios Constitucionales.

Álvarez Conde, E., & García Couso, S. (2001). La barrera electoral. *Revista de Derecho Político, 52*, 177–204.

Anduiza, E., & Bosch, A. (2004). *Comportamiento Político y Electoral*. Barcelona: Ariel.

Añón, M. (2001). *Igualdad, Diferencias y Desigualdades*. México: Fontanamara.

Aquino, C. (2008). Las cuotas electorales y el derecho fundamental de sufragio. *Revista Jurídica de La Universidad Autónoma de Madrid, 17*(1), 259–268.

Aquino, C. (2011). *Las cuotas electorales para la igualdad entre mujeres y hombres. Tesis doctoral*. Universidad Autónoma de Madrid.

Aragón, M. (2000). Democracia y representación: dimensiones subjetiva y objetiva del derecho de sufragio. *Corts: Anuario de Derecho Parlamentario, 9*, 37–60.

Aragón, M. (2007). Derecho Electoral: Sufragio activo y pasivo. In D. Nohlen, D. Zovatto, J. Orozco, & J. Thompson (Eds.), *Tratado de derecho electoral comparado de América Latina* (2° Edición, pp. 178–197). México: Fondo de Cultura Económica.

Arce, C. (2012). *Los derechos políticos de los residentes extranjeros: la ciudadanía inclusiva.* Sevilla: Defensor del Pueblo Andaluz.

Bachoff, O. (1980). Derecho electoral y derecho de los partidos en la República Federal Alemana. *Boletín Mexicano de Derecho Comparado, 12*(37), 1–11.

Barranco Avilés, M. (2001). El concepto republicano de libertad y el modelo constitucional de derechos fundamentales. *Anuario de Filosofía Del Derecho, 18*, 205–226.

Barranco Avilés, M. (2004). El concepto de derechos humanos. En J. Raz, R. Alexy, R. Asís, C. Roxin, F. Ansuátegui, M. Atienza, …S. Escudero (Eds.), *El Derecho Contemporáneo. Lecciones fundamentales para su estudio* (pp. 165–200). México: Universidad Autónoma del Estado de Hidalgo.

Berelson, B., Lazarsfeld, P., & McPhee, W. (1954). *Voting. A study of opinion formation in a presidential campaign.* Chicago: University of Chicago Press.

Bernal Pulido, C. (2015). Derechos fundamentales. En J. Fabra & V. Rodríguez (Eds.), *Enciclopedia de Filosofía del Derecho y Teoría Jurídica. Vol. 2.* (pp. 1571–1594). México: UNAM-Instituto de Investigaciones Jurídicas.

Biglino, P., & Delgado, L. (Eds.). (2010). *La resolución de los conflictos electorales: un análisis comparado.* Madrid: Centro de Estudios Políticos y Constitucionales.

Blanco, R. (1990). *Los partidos políticos.* Madrid: Tecnos.

Böckenförde, E.-W. (1993). *Escritos sobre Derechos Fundamentales. Traducción de Juan Luis Requejo Pagés e Ignacio Villaverde Menéndez.* Baden-Baden: Nomos Verlagsgesellschaft.

Bowen, H., & Wiersema, M. (1999). Matching Method to Paradigm In Strategy Research: Limitations of Cross-sectional Analysis and Some Methodological Alternatives. *Strategic Management Journal, 20*(1), 625–636.

Campbell, A., Converse, P., Miller, W., & Stokes, D. (1960). *The American Voter.* New York: Wiley.

Campbell, A., Gurin, G., & Miller, W. (1954). *The Voter Decides.* White Plains, New York: Row, Peterson and Company.

Carreón, R. (2012). Derechos humanos, garantías individuales y derechos fundamentales: problema terminológico o conceptual. En D. Cienfuegos & G. Froto (Eds.), *Los derechos humanos en el momento actual*. México: Laguna.

Chanona, A. (2008). Derechos Políticos y Candidaturas Independientes: asignatura pendiente en la transición democrática mexicana. *Nueva Visión Socialdemócrata*, *13*, 23–42.

Chetty, S. (1996). The case study method for research in small- and médium - sized firms. *International Small Business Journal*, *15*(1), 73–85.

Cianciardo, J. (2004). *El principio de razonabilidad: del debido proceso sustantivo al moderno juicio de proporcionalidad*. Buenos Aires: Ábaco.

Clérico, L. (2008). El examen de proporcionalidad: entre el exceso por acción y la insuficiencia por omisión o defecto. En M. Carbonell (Ed.), *El principio de proporcionalidad y la interpretación constitucional* (1° Edición, pp. 125–173). Quito: Ministerio de Justicia y Derechos Humanos.

Clérico, L. (2009). *El examen de proporcionalidad en el Derecho Constitucional*. Buenos Aires: EUDEBA. Editorial Universitaria de Buenos Aires.

Clérico, L. (2011a). Proporcionalidad, prohibición de insuficiencia y la tesis de la alternativa. En L. Clérico, J.-R. Sieckmann, D. Oliver-Lalana, & (coords.) (Eds.), *Derechos fundamentales, principios y argumentación estudios sobre la teoría jurídica de Robert Alexy* (pp. 177–198). Granada: Comares.

Clérico, L. (2011b). Sobre la prohibición por acción insuficiente por omisión o defecto y el mandato de proporcionalidad. En J.-R. Sieckmann (Ed.), *La teoría principialista de los derechos fundamentales: Estudios sobre la teoría de los derechos fundamentales de Robert Alexy* (pp. 169–206). Madrid: Marcial Pons, Ediciones Jurídicas y Sociales.

Congreso de la República del Perú. (2002). Aportes del Jurado Nacional de Elecciones. Recuperado de www4.congreso.gob.pe/comisiones/2002/debate_constitucional/aportes/Tra bajoReformaConstitucinJNE.htm

Constantino, M. (2000). Participación ciudadana. En L. Baca, J. Bokser-Liwerant, F. Castañeda, I. Cisneros, & G. Pérez (Eds.), *Léxico de política* (pp. 509–511). México: Fondo de Cultura Económica.

Cortina, A. (1997). *Ciudadanos del mundo. Hacia una teoría de la ciudadanía*. Madrid: Alianza.

Corwin, E. (1987). *La Constitución de los Estados Unidos y su Significado Actual. Traducción de Aníbal Leal*. Buenos Aires: Fraterna.

Criado, H. (2005). *Los partidos políticos como instrumentos de democracia*. Madrid: Fundación Alternativas.

De Domingo, T. (2003). La argumentación jurídica en el ámbito de los derechos fundamentales: en torno al denominado "chilling effect" o "efecto desaliento". *Revista de Estudios Políticos, 122*(141–166).

De la Peza, J. (2007). Candidaturas Independientes. En D. Nohlen, D. Zovatto, J. Orozco, & J. Thompson (Eds.), *Tratado de derecho electoral comparado de América Latina* (2° Edición, pp. 613–626). México: Fondo de Cultura Económica.

De Lucas, J., Añón, M., Galiana, Á., García, J., Mestre, R., Miravet, P., … Torres, F. (2008). *Los derechos de participación como elemento de integración de los inmigrantes* (1° Edición). Bilbao: Rubes Editorial.

De Otto, I. (1988). La regulación del ejercicio de los derechos y libertades. La garantía de su contenido esencial en el artículo 53.1 de la Constitución. En L. Martín-Retortillo & I. de Otto (Eds.), *Derechos fundamentales y Constitución*. Madrid: Civitas.

Delfino, G., & Zubieta, E. (2010a). Participación política: concepto y modalidades. *Anuario de Investigaciones, 17*, 211–220.

Díez-Picazo, L. (2005). *Sistema de derechos fundamentales* (2° Edición). Madrid: Civitas.

Esparza, B. (2000). Partidos y Organizaciones Políticas. In *Apuntes de Derecho Electoral: Una contribución institucional para el conocimiento de la ley como valor fundamental de la democracia*. México: Tribunal Electoral del Poder Judicial de la Federación.

Esparza, B. (2008). *La participación política como derecho fundamental en la Constitución de España y de Europa*. México: Editorial Porrúa.

Falconi, J. (2002). De la fusión de los organismos electorales en la propuesta de reforma constitucional peruana, hoy en trámite. *Revista Jurídica Del Perú, 52*(39), 1–14.

Fernández, M., & Thompson, J. (2007). El voto obligatorio. En D. Nohlen, D. Zovatto, J. Orozco, & J. Thompson (Eds.), *Tratado de derecho electoral comparado de América Latina* (2° Edición, pp. 253–265). México: Fondo de Cultura Económica.

Fernández Segado, F. (1993). La teoría jurídica de los derechos fundamentales en la doctrina constitucional. *Revista Española de Derecho Constitucional, 13*(39), 195–247.

Fernández Sepulveda, Á. (1985). *Derecho Judicial y Justicia Constitucional: Una aproximación al tema*. Madrid: Centro de Publicaciones del Ministerio de Justicia.

Ferrer, R. (1989). *Los derechos de los extranjeros*. Madrid: Tecnos.

Garay, M., & Bórquez, C. (2014). La asistencia técnica educativa ¿un aporte a la calidad de la gestión escolar? *Diálogos Educativos*, *14*(28), 41–63.

García, M. (2000). *Jueces y Magistrados en el proceso electoral*. Madrid: Centro de Estudios Políticos y Constitucionales.

García Enterría, E. (1981). La posición jurídica del Tribunal Constitucional en el sistema español: posibilidades y perspectivas. *Revista Española de Derecho Constitucional*, *1*(1), 35–131.

García López, E. (2006). Irreelegibilidad, inelegibilidad e incompatibilidad parlamentaria: Los artículos 23 y 70 de la Constitución y las razones políticas de la prohibición de ser reelegido. *Asamblea: Revista Parlamentaria de La Asamblea de Madrid*, *14*, 3–24.

García Máynez, E. (2009). La libertad como derecho. *Revista de La Facultad de Derecho de México, Número Esp*, 101–111.

García Pelayo, M. (1984). *El Estado de Partidos*. Madrid: Alianza.

Gavara, J. (1994). *Derechos fundamentales y desarrollo legislativo. La garantía del contenido esencial de los derechos fundamentales en la Ley Fundamental de Bonn*. Madrid: Centro de Estudios Constitucionales.

González, M. (2012). La residencia como un requisito de elegibilidad electoral. *Revista Mexicana de Derecho Electoral*, *1*, 225–250.

Häberle, P. (2003). *La garantía del contenido esencial de los derechos fundamentales en la Ley fundamental de Bonn: una contribución a la concepción institucional de los derechos fundamentales y a la teoría de la reserva de la ley. Traducción de Joaquín Brage Camazano.* Madrid: Dykinson.

Habermas, J. (2000). *La constelación postnacional. Ensayos políticos*. Barcelona: Paidós.

Held, D. (1995). *Democracy and the global order*. California: Stanford University Press.

Hernández, A. (1989). Organismos electorales. En Centro Interamericanode Asesoría y Promoción Electoral (Ed.), *Diccionario Electoral* (Primera Ed, pp. 502–503). San José de Costa Rica: Instituto Interamericano de Derechos Humanos.

Hernández, R., Fernández, C., & Baptista, P. (2014). *Metodología de la Investigación* (Sexta). México: McGraw Hill.

Jaramillo, J. (2007). Los órganos electorales supremos. En D. Nohlen, D. Zovatto, J. Orozco, & J. Thompson (Eds.), *Tratado de Derecho Electoral Comparado de América Latina* (pp. 371–436). México: Fondo de Cultura Económica.

JNE. Resolución del Jurado Nacional de Elecciones N.° 093-2016-JNE (2016).

JNE. (2017). Información Institucional Jurado Nacional de Elecciones. Recuperado de www.portal.jne.gob.pe/informacioninstitucional

Kaase, M., & Marsh, A. (1979). Measuring political action. En S. Barnes, M. Kaase, K. Allerback, B. Farah, F. Heunks, R. Inglehart, … L. Rosenmayr (Eds.), *Political Action: Mass Participation In Five Western Democracies*. Beverly Hills: Sage Publications.

Kelsen, H. (1977). *Esencia y valor de la democracia*. Barcelona: Labor.

Kelsen, H. (1979). *Teoría General del Estado*. (E. Nacional, Ed.). México.

Kymlicka, W. (1996). *Ciudadanía multicultural*. Barcelona: Paidós.

Lazarsfeld, P., Berelson, B., & Gaudet, H. (1948). *People's Choice: How the Voter Makes Up His Mind in a Presidential Campaign* (2° Edición). New York: Columbia University Press.

León, M. (2010). Las agrupaciones de electores como forma de participación política en el sistema electoral español: garantías y límites del derecho de sufragio pasivo. *Letras Jurídicas: Revista de Los Investigadores Del Instituto de Investigaciones Jurídicas U. V., 21*, 139–166.

Lousada, J. (2008). Unos apuntes sobre las llamadas cuotas electorales a la vista de la declaración de su constitucionalidad. *La Ley. Revista Jurídica Española de Doctrina, Jurisprudencia Y Legislación, 2*, 1838–1842.

Magre, J., & Martínez, E. (2005). La cultura política. En M. Caminal (Ed.), *Manual de Ciencia Política* (2° Edición, pp. 263–289). Madrid: Tecnos.

Maldonado, C., Escalona, E., & Sepúlveda, K. (2009). La asistencia técnica educativa a escuelas rurales. Factores a considerar para una nueva forma de implementación. *Revista Digital eRural, 6*(11–12), 1–29. Recuperado de www.revistaerural.cl%0D

Martín Núñez, E. (2008). La Garantia Jurídica de la Democràcia com a Dret Fonamental: una anàlisi de la jurisprudència del Tribunal Constitucional sobre la participació política. *Revista Catalana de Dret Públic, 37*, 315–342.

Martínez-Pujalte, A.-L. (1997). *La garantía del contenido esencial de los derechos fundamentales*. Madrid: Centro de Estudios Constitucionales.

Martínez-Pujalte, A.-L. (2006). Ambito material de los derechos fundamentales, dimensión institucional y principio de proporcionalidad. *Persona Y Derecho: Revista de Fundamentación de Las Instituciones Jurídicas Y de Derechos Humanos, 54*, 75–96.

Martínez, P. (2006). El método de estudio de caso: estrategia metodológica de la investigación científica. *Pensamiento & Gestión, 20*, 165–193.

Medina, P. (2012). La valla electoral y la cifra repartidora. In *Diálogo Electoral 2011* (pp. 79–88). Lima: ONPE. Oficina Nacional de Procesos Electorales.

Medina Guerrero, M. (1994). Escritos sobre Derechos Fundamentales. Reseña de Escritos sobre los derechos fundamentales de Wolfgang Ernst. *Revista Española de Derecho Constitucional, 14*(41), 323–332.

Molina, J., & Pérez, C. (1995). Participación Política y Derechos Humanos. *Revista IIDH, 34–35,* 15–77.

Morodo, R., & Lucas Murillo de la Cueva, P. (2001). *El ordenamiento constitucional de los partidos políticos.* México: UNAM-Instituto de Investigaciones Jurídicas.

Murillo, M. (1989). *Aproximación al estudio de la participación política como concepto y como proceso político-constitucional.* Madrid: Editorial de la Universidad Complutense de Madrid.

Nicolás, J. (1977). El modelo de un sistema cuasi-mixto: el caso alemán. In *El proceso electoral.* Barcelona: Labor.

Nohlen, D. (1994). *Sistema electorales y partidos políticos.* México: Fondo de Cultura Económica.

Nohlen, D. (2004). La participación electoral como objeto de estudio. *Elecciones, 3,* 137–157.

Nohlen, D., Zovatto, D., Orozco, J., & Thompson, J. (2007). *Tratado de derecho electoral comparado de América Latina* (Segunda). México: Fondo de Cultura Económica.

Orozco, J. (2001). Sistemas de justicia electoral en el derecho comparado. In *Sistemas de justicia electoral: evaluación y perspectivas* (pp. 45–58). México: Tribunal Electoral del Poder Judicial de la Federación.

Orozco, J. (2009). Tendencias recientes de la justicia electoral en América Latina. In J. Reynoso & H. Sánchez (Eds.), *La Democracia en su contexto. Estudios en homenaje a Dieter Nohlen en su septuagésimo aniversario* (pp. 405–424). México: Instituto de Investigaciones Jurídicas.

Peces-Barba, G. (1980). *Derechos fundamentales.* Madrid: Latina Universitaria.

Pérez, M. (2006). *El Derecho Electoral y la Ciencia Política.* México: Universidad de Guadalajara.

Pérez Corti, J. (2010). Derecho de sufragio pasivo. *Sufragio. Revista Especializada En Derecho Electoral, 5,* 158–199.

Pérez Duharte, J. (2013). *El impacto de la administración electoral en la democracia latinoamericana.* Universidad Complutense de Madrid.

Presno, M. (2003). *El derecho de voto.* Madrid: Tecnos.

Presno, M. (2012). El derecho de voto como derecho fundamental. *Revista Mexicana de Derecho Electoral, 2*, 109–151.

Prieto, L. (2000). La limitación de los derechos fundamentales y la norma de clausura del sistema de libertades. *Derechos Y Libertades: Revista Del Instituto Bartolomé de Las Casas, 5*(8), 429–468.

Prieto, L. (2001). Neoconstitucionalismo y ponderación judicial. *Anuario de La Facultad de Derecho de La Universidad Autónoma de Madrid, 5*, 201–228.

Prieto, L. (2003). El juicio de ponderación constitucional. In F. Laporta (Ed.), *Constitución: problemas filosóficos*. Madrid: Ministerio de la Presidencia-CEPC.

Rey Martínez, F. (2013). *Cuotas 2.0. Un nuevo enfoque de las cuotas electorales de género*. México: Tribunal Electoral del Poder Judicial de la Federación.

Reynolds, A., Reilly, B., & Ellis, A. (2006). *Diseño de sistema electorales: El nuevo manual de IDEA Internacional*. México: IDEA Internacional.

Ríos, L. (2017). El canon europeo e interamericano de la privación del sufragio pasivo. *Cuestiones Constitucionales, 36*, 109–141.

Roig, R. (2009). *La élite parlamentaria femenina en el Parlamento de Cataluña, en el Congreso de los Diputados y en el Parlamento Europeo (1979-2000)*. Valencia: Tirant lo Blanch.

Rouse, M., & Daellenbach, U. (1999). Rethinking research methods for the resource-based perspective: isolating sources of sustainable competitive advantage. *Strategic Management Journal, 20*(5), 487–494.

Rubio Carracedo, J. (2007). *Teoría crítica de la ciudadanía democrática*. Madrid: Trotta.

Rubio Llorente, F. (1979). La Constitución como fuente del Derecho. In *La Constitución española y las fuentes del Derecho* (p. 67). Madrid: Dirección General de lo Contencioso del Estado. Instituto de Estudios Fiscales.

Ruiz, A. (1996). La discriminación inversa y el caso Kalanke. *Doxa: Cuadernos de Filosofía Del Derecho, 19*, 123–140.

Sabucedo, J., & Rodríguez, M. (1990). Racionalidad y dimesión social de la acción política. *Boletín Be Psicología, 27*, 55–70.

Salas, A. (2015). *El derecho de sufragio pasivo en el sistema interamericano de derechos humanos*. Universidad Complutense de Madrid.

Sánchez Gil, R. (2007). *El principio de proporcionalidad* (1° Edición). México: Instituto de Investigaciones Jurídicas UNAM.

Sánchez Muñoz, O. (2010). La democracia interna de los partidos políticos y los derechos de participación de los afiliados. En *III Seminario Internacional del Observatorio Judicial Electoral*. México. Recuperado de www.%0Ate.gob.mx/ccje/IIIobservatorio/archivos/ponencia_oscar.pdf (última consulta: 20 de abril de 2017)

Sapag, M. (2008). El principio de proporcionalidad y de razonabilidad como límite constitucional al poder del Estado: un estudio comparado. *Díkaion: Revista de Actualidad Jurídica, 22*(17), 157–198.

Schneider, H.-P. (1979). Peculiaridad y función de los derechos fundamentales en el Estado constitucional democrático. *Revista de Estudios Políticos, 7*, 7–36.

Sevilla, J., Ventura, A., & García, S. (2007). La igualdad efectiva entre mujeres y hombres desde la teoría constitucional. *Revista Del Ministerio de Trabajo E Inmigración, 67*, 63–82.

Smend, R. (1982). *Teoría de la Constitución*. Madrid: Alianza.

Sobrado, L. (2006). Tendencias de la justicia electoral latinoamericana y sus desafíos democráticos. *Revista de Ciencias Jurídicas, 109*, 155–184.

Sorribas, P., & Brussino, S. (2013). La participación política contenciosa: desarrollo de un modelo explicativo desde la cognición social. *Quaderns de Psicologia, 15*(2), 7–22.

Stoecker, R. (1991). Evaluating and rethinking the case study. *The Sociological Review, 39*(1), 88–112.

Stone, W. (1974). *The psychology of politics*. New York: Free Press.

Urra, F. (2010). *El elemento espacial en el hecho imponible renta. Memoria para optar grado en ciencias jurídicas y sociales*. Universidad de Chile.

Valles, M. (1999). *Técnicas Cualitativas de Investigación Social* (Primera Ed). Madrid: Editorial Síntesis.

Van der Meer, T., Van Deth, J., & Scheepers, P. (2009). The politicized participant: Ideology and political action in 20 democracies. *Comparative Political Studies, 42*(11), 1426–1457.

Van Deth, J. (2001). Studying Political Participation: Towards a Theory of Everything? En *Electronic Democracy: Mobilisation, Organisation and Participation via new ICTs*. Grenoble: European Consortium for Political Research.

Villanueva, E. (2011). Derecho y libertad. *Revista Mexicana de Derecho Constitucional, 25*, 293–313.

Vírgala, E. (2008). Democracia interna y derechos de los afiliados a los partidos políticos. *Revista Catalana de Dret Públic, 37*, 21–73.

Zovatto, D. (2008). Regulación jurídica de los partidos políticos en América Latina. Lectura regional comparada. En A. Fontaine, C. Larroulet, J. Navarrete, & I.

Walker (Eds.), *Reforma de los Partidos Políticos en Chile* (pp. 159–187). Santiago de Chile: Programa de las Naciones Unidas para el Desarrollo.

2. Referencias Legislativas.

Acuerdo N° 018-2007, de 23 enero de 2007, Ley Electoral y de Partidos Políticos de Guatemala.

Código Civil peruano, de 1984.

Constitución de la Nación Argentina, de 1853.

Constitución de la República Federativa de Brasil, de 1988.

Constitución de la República de Ecuador, de 2008.

Constitución de la República de El Salvador, de 1983

Constitución de la República de Honduras, 1982.

Constitución de la República Oriental del Uruguay, de 1967.

Constitución de la República Bolivariana de Venezuela, de 1999.

Constitución de los Estados Unidos de Norteamérica, de 1787.

Constitución de República Dominicana, de 2015.

Constitución Española, de 1978.

Constitución Nacional de Paraguay, de 1992.

Constitución Política de Colombia, de 1991.

Constitución Política de la República de Chile, de 1980, texto refundido en 2005.

Constitución Política de la República de Guatemala, de 1985.

Constitución Política de la República de Panamá, de 1972.

Constitución Política del Estado Plurinacional de Bolivia, de 2009.

Constitución Política del Perú, de 1993.

Constitución Política de los Estados Unidos Mexicanos, de 1917.

Convención Americana sobre Derechos Humanos, de 22 de noviembre de 1969.

Convenio para la Protección de los Derechos Humanos y de las Libertades Fundamentales, de 4 de noviembre de 1950.

Declaración Universal de los Derechos Humanos, de 10 de diciembre de 1848.

Declaración de los Derechos del Hombre y del Ciudadano de 1789 de la Asamblea Nacional Francesa

Decreto N° 2135, de 18 de agosto de 1983, Código Electoral Nacional de Argentina.

Decreto Supremo N° 019-2003-PCM, de 24 de febrero de 2003 Reglamento de la Ley de Demarcación y Organización Territorial.

Directiva 93/109/CE, de 6 de diciembre de 1993, para las elecciones al Parlamento Europeo.

Directiva 94/80/CE, de 19 de diciembre de 1994, para las elecciones municipales.

Ley 2000-493, de 6 de junio, Ley sobre la Igualdad en el Acceso de Mujeres y Hombres a Cargos y Funciones Electivos, Francia.

Ley Constitucional núm. 99-569, de 8 de julio, reformaba el artículo 3 de la Constitución Francesa, Francia.

Ley Fundamental de la República Federal de Alemania, de 1949.

Ley N° 26859, de 01 de octubre de 1997, Ley Orgánica de Elecciones.

Ley N° 28094, de 1 de Noviembre de 2003, Ley de Organizaciones Políticas.

Ley N° 27683, del 15 de marzo de 2002, Ley de Elecciones Regionales.

Ley N° 26864, de 14 de octubre de 1997, Ley de Elecciones Municipales.

Ley N° 26486, de 21 de junio de 1995, Ley Orgánica del Jurado Nacional de Elecciones.

Ley N° 27795, de 23 de julio de 2002, Ley de Demarcación y Organización Territorial.

Ley N° 28360, de 15 de octubre de 2004, Ley de Elecciones de Representantes ante el Parlamento Andino.

Ley N° 28581, de 20 de junio de 2005, modificaciones a la Ley N° 28094.

Ley N° 30414, de 17 de enero de 2016, Ley que modifica la Ley N° 28094, Ley de Organizaciones Políticas.

Ley N° 29688, de 20 de mayo de 2011, Ley que modifica la Ley 26859, Ley Orgánica de Elecciones

Pacto Internacional de Derechos Civiles y Políticos, de 16 de diciembre de 1966.

Protocolo Adicional al Convenio para la Protección de los Derechos Humanos y de las Libertades Fundamentales, de 20 de marzo de 1952.

Resolución N° 100-2015-P/JNE, de 22 de septiembre de 2015, Plan Estratégico Institucional 2016-2018 del Jurado Nacional de Elecciones

Resolución N° 151-2011-P/JNE, de 28 de diciembre de 2011, Plan Nacional de Educación y Formación Cívica Ciudadana 2012-2015.

Resolución N° 110-2016-P/JNE, de 19 de julio de 2016, Plan Nacional de Educación y Formación Cívica Ciudadana 2016-2019.

Resolución N° 115-2015-P/JNE, de 21 de octubre de 2015, Plan Operativo Institucional 2016 del JNE.

Resolución N° 272-2014-JNE, de 1 de abril de 2014, Reglamento de Inscripción de Fórmula y Listas de Candidatos para Elecciones Regionales.

Resolución N° 271-2014-JNE, de 1 de abril de 2014, Reglamento de Inscripción de Listas de Candidatos para Elecciones Municipales.

Resolución N° 0208-2015-JNE, de 6 de agosto de 2015, Reglamento del Registro de Organizaciones Políticas.

Resolución N° 1-2016-JNE, de 4 de enero de 2016, Reglamento de Organización y Funciones del Jurado Nacional de Elecciones.

Resolución N° 0305-2015-JNE, de 21 de octubre de 2015, Reglamento de Inscripción de Fórmulas y Listas de Candidatos para las Elecciones Generales y de Representantes ante el Parlamento Andino

Resolución Jefatural N° 376-2015-J/ONPE, de 28 de diciembre de 2015, Procedimiento para la Asignación de Escaños en las Elecciones Congresales y de Parlamento Andino.

Resolución Secretarial N° 56-2013-SGEN/RENIEC, de 27 de agosto de 2013, Inscripción en el Registro Electoral de Extranjeros Residentes en el Perú.

Tratado de Funcionamiento de la Unión Europea, versión consolidada por el Tratado de Lisboa firmado el 13 de diciembre de 2007.

3. Referencias Jurisprudenciales.

Caso Yatama vs. Nicaragua, Sentencia de 23 de junio de 2005, Corte Interamericana de Derechos Humanos.

Caso López Mendoza vs. Venezuela, Sentencia de 1 de septiembre de 2011, Corte Interamericana de Derechos Humanos.

Caso Mathieu-Mohin y Clerfayt vs Bélgica, No. 9267/81, Sentencia de 2 de marzo de 1987, TEDH, Corte Europea de Derechos Humanos.

Caso Partido Comunista Unificado de Turquía (TBKP) y otros vs. Turquía, Sentencia de 30 de enero de 1998, Tribunal Europeo de Derechos Humanos.

Caso Castañeda Gutman vs. Estados Unidos Mexicanos, Sentencia de 6 de agosto de 2008, Corte Interamericana de Derechos Humanos.

Caso 11 428, Susana Higuchi Miyagawa vs. Perú, de 1995 a 1999, Comisión Interamericana de Derechos Humanos.

Resolución N° 093-2016-JNE, de 15 de febrero de 2016 (Expediente N.° J-2016-00041 y J-2016-00069-acumulados), Jurado Nacional de Elecciones de Perú.

Resolución N° 196-2016-JNE, de fecha 8 de marzo de 2016 (Expediente N.° J-2016-00265), Jurado Nacional de Elecciones de Perú.

Resolución 076-2002-JNE, de 7 de marzo de 2002, Jurado Nacional de Elecciones de Perú.

Resolución 077-2002-JNE, s/f, Jurado Nacional de Elecciones de Perú.

Resolución N° 1510-2006-JNE, de 5 de setiembre 2006, Jurado Nacional de Elecciones de Perú.

Resolución N° 1655-2006-JNE, de 12 de setiembre de 2006, Jurado Nacional de Elecciones de Perú.

Resolución N° 1959-2006-JNE, de 19 de setiembre de 2006, Jurado Nacional de Elecciones de Perú.

Resolución 1531-2010-JNE, de 20 de agosto de 2010, Jurado Nacional de Elecciones de Perú.

Resolución N° 1580-2006–JNE, de 11 de setiembre de 2006, Jurado Nacional de Elecciones de Perú.

Resolución N° 1584-2006 –JNE, de 11 de setiembre de 2006, Jurado Nacional de Elecciones de Perú.

Resolución N° 1765-2006-JNE, de 14 de setiembre de 2006, Jurado Nacional de Elecciones de Perú.

Resolución N° 1531-2010-JNE, de 20 de agosto de 2010, Jurado Nacional de Elecciones de Perú.

Resolución N° 2394-2014-JNE, de 4 de septiembre de 2014, Jurado Nacional de Elecciones de Perú.

Resolución N° 0054-2016-JNE, de 22 de enero de 2016, Jurado Nacional de Elecciones de Perú.

Resolución N° 093-2016-JNE, de 15 de febrero de 2016, Jurado Nacional de Elecciones de Perú.

Resolución N° 0208-2015-JNE, de 6 de agosto de 2015, Jurado Nacional de Elecciones de Perú.

Resolución N° 0277-2016-JNE, de 16 de marzo de 2016, Jurado Nacional de Elecciones de Perú.

Resolución N° 024-2016-JEE-LC1/JNE, de 3 de marzo de 2016, Jurado Nacional de Elecciones de Perú.

Resolución N° 196-2016-JNE, de 8 de marzo de 2016, Jurado Nacional de Elecciones de Perú.

Resolución N° 694-2014-JNE, de 19 de julio de 2014, Jurado Nacional de Elecciones de Perú.

Resolución N° 869-2014-JNE, de 25 de julio de 2014, Jurado Nacional de Elecciones de Perú.

Resolución N° 968-2014-JNE, de 20 de julio de 2014, Jurado Nacional de Elecciones de Perú.

Resolución N° 2368-2014-JNE, de 4 de septiembre de 2014, Jurado Nacional de Elecciones de Perú.

Sentencia 136/1999, de 20 de julio, Tribunal Constitucional Español.

Sentencia 25/1981, de 14 de julio, Tribunal Constitucional Español.

Sentencia 53/1985, de 11 de abril, Tribunal Constitucional Español.

Sentencia BVerfGE 39, 1, 1975, Tribunal Constitucional Federal Alemán.

Sentencia del Expediente: SUP-JDC-11/2007, Juicio para la Protección de los Derechos Políticoelectorales del Ciudadano, Sala Superior del Tribunal Electoral del Poder Judicial de la Federación Mexicana.

Sentencia 11/1981, de 8 de abril, Tribunal Constitucional Español.

Sentencia 2/1982, de 29 de enero, Tribunal Constitucional Español.

Sentencia 107/1988, de 8 de junio, Tribunal Constitucional Español.

Sentencia 104/1986, de 17 de julio, Tribunal Constitucional Español.

Sentencia 119/1995, de 17 de julio, Tribunal Constitucional Español.

Sentencia 3/1981, de 2 de febrero, Tribunal Constitucional Español.

Sentencia 71/1989, de 20 de abril, Tribunal Constitucional Español.

Sentencia 75/1985, de 21 de junio, Tribunal Constitucional Español.

Sentencia 193/1989, de 16 de noviembre, Tribunal Constitucional Español.

Sentencia de 17 de octubre de 1995 del Tribunal de Justicia de la Unión Europea.

Sentencia N° 49-2003, Corte Constitucional Italiana.

Sentencia del Exp. N° 0008-2003-AI-TC, 11 de noviembre de 2003, Tribunal Constitucional Peruano.

Sentencia del Exp. N° 0048-2004-PI/TC, de 1 de abril de 2005, Tribunal Constitucional Peruano.

Sentencia del Exp. N° 5854-2005-PA/TC, de 8 noviembre de 2005, Tribunal Constitucional Peruano.

www.ingramcontent.com/pod-product-compliance
Lightning Source LLC
LaVergne TN
LVHW040125180726
843489LV00005B/1599